À Monsieur le doyen
L. Neville Brown,
En souvenir de son séjour à
l'Université Laval
Denis Le May, avocat
Automne 1975

MÉTHODE DE RECHERCHE
EN DROIT QUÉBÉCOIS ET CANADIEN

Denis LE MAY

MÉTHODE DE
RECHERCHE EN DROIT QUÉBÉCOIS
ET CANADIEN

1974
LES PRESSES DE L'UNIVERSITÉ LAVAL
QUÉBEC

A Me Jacques DUPONT,
le premier qui m'a révélé
l'importance et la rigueur de la
recherche en droit.

AVERTISSEMENT

1. L'information contenue dans cette méthode est à jour au 1er avril 1974, dans la mesure de la documentation disponible à cette date à Québec.

2. Les exemples donnés le sont à titre pédagogique seulement et ne doivent, en aucun cas, être interprétés comme une opinion définitive de l'auteur sur l'état du droit en la matière.

AVANT-PROPOS

Cet ouvrage n'est pas une introduction au droit ; ni une bibliographie ; ni une manière de citer les références ou de présenter un texte ; ni un manuel de pratique du droit.

C'est une introduction à la DÉMARCHE DE RECHERCHE DOCUMENTAIRE EN DROIT : comment constituer une documentation valable pour trouver la solution d'un problème juridique donné.

Si on s'accorde pour dire que toute solution à un problème juridique s'élabore en trois étapes, savoir :

1. le rassemblement des données : faits, écrits, pièces ;
2. la recherche du droit applicable : loi, règlement, jurisprudence ;
3. la décision quant à l'action à entreprendre : poursuivre, régler, abandonner, prévenir,

la présente méthode s'occupe de la deuxième seulement.

Il en résulte que la controverse théorie/pratique n'existe pas au niveau de la recherche. Le paramètre se présente sous l'alternative droit/non-droit. Peu importe l'aspect théorique ou pratique des choses, nous voulons une solution JURIDIQUE.

Chaque étape de la démarche est expliquée par une méthode [M] particulière considérée indépendamment des autres. Une lecture suivie entraînera forcément des redites, mais on a voulu, pour minimiser les renvois, rendre chaque description la plus complète possible.

Les [M 1] à [M 15] expliquent la démarche générale, applicable à la plupart des cas ; les [M 16] et [M 17] traitent des démarches particulières à certains domaines.

Chaque méthode [M] suit le même canevas, en cinq parties :

I – Un *PLAN*

II – Une *JUSTIFICATION* qui tend à présenter et à préciser le pourquoi de cette [M].

III – Des *REMARQUES PRÉLIMINAIRES* applicables tout au long de la [M] sous examen.

IV – La *DÉMARCHE PROPREMENT DITE.*

V – Un résumé qui, sous forme de *VÉRIFICATION*, permet de synthétiser les explications fournies au cours d'une [M].

Cette manière de procéder est conçue de façon à ce qu'une fois la démarche assimilée, le chercheur puisse se contenter de parcourir seulement les listes de vérification, la référence au texte proprement dit n'étant devenue nécessaire que pour se rafraîchir la mémoire sur un point précis, à l'occasion.

Nous maintiendrons cette division tout au long de l'ouvrage, afin de faciliter la localisation.

Exemple : le renvoi : [M 8] III signifie : « les remarques préliminaires de la méthode huit ».

TABLE DES MATIÈRES

Liste des ABRÉVIATIONS et LOCUTIONS LATINES utilisées dans cet ouvrage

a.	article
aa.	articles
a priori	d'avance, avant de porter un jugement
A.C.	Appeal cases ou Arrêté en conseil
a quo	se dit d'une décision dont il est fait appel
B.N.A. *Act*	*The British North America Act, 1867*
B.R.	Recueils de jurisprudence de la Cour d'appel du Québec
c.	chapître
C.A.	Recueils de jurisprudence de la Cour d'appel du Québec
C.C.	*Code civil*
C.C.L.	*Canadian Current Law*
C.M.	*Code municipal*
C.P.C.	*Code de procédure civile*
CRLM	Commission de refonte des lois municipales
C.S.	Recueils de jurisprudence de la Cour supérieure
C.V.	Cités et villes
C. de D.	*Cahiers de Droit*
Can. Abr.	*Canadian Abridgment*
Caveat	prendre garde
Ch.	jurisprudence anglaise, Chancery Division
D.L.R.	*Dominion Law Reports*
DORS	*Décrets Ordonnances et Règlements statutaires*
ejusdem generis	du même genre, de la même catégorie
F	fédéral
G.O.	*Gazette officielle du Québec*
Gaz. Can.	*Gazette du Canada*
in abstracto	abstraitement
in fine	à la fin
infra	ci-dessous

L.Q.	Lois du Québec
McGill L.J.	McGill Law Journal
mutatis mutandis	en faisant les changements nécessaires
omnibus	(à) tous
Q	Québec
Quaere	invitation au lecteur à chercher lui-même la réponse
R.A.L.	Règlements d'application des lois (Q)
R.C.S.	Recueils de jurisprudence de la Cour suprême du Canada
R.D.U.S.	Revue de droit de l'Université de Sherbrooke
R.G.D.	Revue Générale de droit
R.J.T.	Revue juridique Thémis
R.-U.	Royaume-Uni
R. du B.	Revue du Barreau
R. du B. Can.	Revue du Barreau Canadien
R. du N.	Revue du Notariat
ss	suivants
S.C.	Statuts du Canada
S.R.B.C.	Statuts refondus pour le Bas-Canada
S.R.C.	Statuts revisés du Canada
S.R.Q.	Statuts refondus du Québec
S.Q.	Statuts du Québec
Semble	opinion vraisemblable mais non décisive
Sess.	session
stare decisis	s'en tenir aux choses décidées
stricto sensu	au sens strict
sub. nom.	sous le nom de
Supp.	supplément
supra	ci-dessus
TR	Texte réglementaire
v.	contre
Vict.	Victoria
Vol.	volume
W.W.R.	Western Weekly Reports

Pour toutes autres abréviations, voir E. CAPARROS et J. GOULET, *La documentation juridique, références et abréviations*, Ouébec, P.U.L., 1973.

Pour les locutions latines, voir A. MAYRAND, *Dictionnaire des maximes et locutions latines utilisées en droit québécois*, Montréal, Guérin, 1972.

INTRODUCTION

La recherche en droit.

I- Définition descriptive.

Faire une recherche en droit, c'est d'abord, dans un premier temps, rassembler l'ensemble des normes juridiques applicables à une situation donnée, qu'elle soit générale ou particulière. [aspect COMPI-LATION].

C'est ensuite, dans un second temps, analyser et ordonner la documentation trouvée de façon à établir la concordance entre les faits et le droit et à en déduire une opinion juridique. L'intuition et la logique jouent alors un rôle capital. [aspect HEURISTIQUE].

II- Différence entre la recherche juridique et la recherche scientifique en général.

Ce n'est pas le processus qui diffère, c'est l'envergure du sujet traité:
La science est internationale et universelle.
Le droit est national et spécifique.

Une opération chirurgicale se pratique de la même manière partout à travers le monde. Un règlement municipal concernant la circulation automobile ne s'applique qu'à la circulation et que sur un territoire donné.

III- Principales caractéristiques de la documentation juridique.

CARACTERISTIQUES:

1. Extrêmement vaste et variée. [ampleur]

2. Consiste essentiellement en une documentation de référence. [référence]

3. Suit la diversité et la hiérarchie des sources de droit. [hiérarchie]

4. Conserve sa valeur malgré son ancienneté.   [valeur]

COROLLAIRES:

1. [ampleur]: il est impossible et inutile de tout connaître.
2. [référence]: il faut savoir où et comment trouver ce que l'on cherche.
3. [hiérarchie]: l'autorité d'une norme dépend de sa place dans la hiérarchie.
4. [valeur]: il faut distinguer l'ancien du démodé, l'applicable de l'abrogé.

CONCLUSION:

Le juriste, en conséquence, doit posséder une METHODE pour trouver sa documentation; il lui faut connaître la clé d'utilisation des documents, index, répertoires et compilations; LA METHODE DE RECHERCHE EST LA SEULE TECHNOLOGIE du juriste, sans elle, il ne peut prétendre à un travail sérieux.

Celui qui ne compte que sur sa mémoire, sous-estime la nécessité de tenir à jour ses connaissances pour approfondir son analyse. Celui qui ne compte que sur l'intuition, sous-estime, en revanche, la né- cessité de recourir à une banque de connaissances pour vérifier son hypothèse.

IV- Hiérarchie des sources de droit (en ordre d'importance).

1. La LOI ordinaire du Parlement.
   Source première et impérative.

   Notes: a) un traité international ne l'emporte pas sur la légis- lation interne.
   b) le fédéralisme a pour effet l'application des lois de deux parlements sur le même territoire.
   c) la constitution canadienne n'est pas, en règle générale, au-dessus de la loi.
   [aspect: EDICTION de la norme]

2. La LEGISLATION DELEGUEE (ou: règlements).
   Même autorité que la loi.
   [aspect: EDICTION de la norme]

3. La JURISPRUDENCE.
   Source complémentaire, parfois supplétive, elle vient expliquer les
   sources premières et parfois en combler les lacunes.
   [aspect: DECISION sous la norme]

4. La DOCTRINE.
   Source complémentaire dans certains cas.
   Constituée de l'ensemble des opinions et commentaires écrits sur
   les autres sources.
   [aspect: OPINION sur la norme]

Il y a aussi d'autres sources de droit: la COUTUME, la PRATIQUE ADMI-
NISTRATIVE et la VOLONTE des parties; elles ne feront pas l'objet de
notre recherche, cependant, parce qu'elles ne constituent pas une masse
documentaire que l'on puisse repérer comme telle.

V- Principes généraux applicables à toute recherche en droit.

   1. Chercher à voir "les deux côtés de la médaille". Ne jamais négli-
      ger d'examiner les aspects défavorables à l'hypothèse ou à la posi-
      tion de départ. Tenter d'évaluer le plus objectivement possible
      ses chances de succès.

      Après avoir consacré un certain temps à une recherche, il est bon
      de confronter ce qu'on a trouvé avec l'opinion, sollicitée à l'im-
      promptu, de quelqu'un qui n'a pas étudié le problème. La juxtapo-
      sition d'une opinion vierge à une opinion "mûrie" se révèle souvent
      d'une grande fécondité.

   2. Toujours vérifier si une norme particulière ne vient pas déroger
      à la norme générale sous examen. Se demander en quoi mon cas pour-
      rait échapper à l'application de la règle.

   3. Toujours partir du présent, du plus récent, dans la documentation
      et remonter dans le passé seulement si cela est nécessaire pour une
      solution complète du problème.

   4. Toujours compléter la documentation trouvée jusqu'au jour même au
      cas où des développements récents modifieraient la substance de ce
      que l'on a trouvé. Un ouvrage, un article, même récents, doivent
      être complétés jusqu'à aujourd'hui. De même, pour les lois et les
      règlements.

   5. Accepter avec prudence la collaboration de non-juristes dans la col-
      lecte et l'interprétation de la documentation juridique. Leur opi-
      nion n'est pas nécessairement celle que les tribunaux retiendraient
      ou qui réalise le mieux l'intention du législateur.

DEMARCHE PRELIMINAIRE

I- *PLAN*

    A- Extraire des vedettes-matières

        1. Un dictionnaire analogique
        2. Un thésaurus
        3. Un dictionnaire juridique unilingue
        4. Un dictionnaire juridique bilingue

        Note: les néologismes.

    B- Qualifier le problème

        1. Définition de la qualification
        2. Etapes

            a) L'aspect dominant
            b) Lecture générale
            c) Questions précises

II- *JUSTIFICATION*

Cette étape est nécessaire pour s'assurer que l'on ne s'aventurera pas trop loin en dehors du sujet et ce, dès le début.

III- *REMARQUES PRELIMINAIRES*

    1. Tout en gardant à l'esprit que l'on cherche une solution, il y a deux écueils à éviter:

       (i)   écarter une possibilité *a priori*
       (ii) adopter une réponse *a priori*.

    On doit, à ce stade, se comporter comme l'honnête travailleur intellectuel qui, avant d'apprendre, sait surtout qu'il ne sait rien.

    2. On aura intérêt, pour préciser le sens des descripteurs, à consulter le meilleur dictionnaire en langue française qui soit: *Le Robert*.

IV- DEMARCHE PROPREMENT DITE

A- Extraire des vedettes-matières

Il s'agit de sortir les mots-clés de la question posée de façon à déceler tous les aspects qu'il y aura lieu d'examiner.

Exemple: Un employeur peut-il forcer ses employés à travailler un jour férié?

Il faudra penser à chercher sous les rubriques suivantes:
- Travail, entreprises, relations industrielles;
- Heures de travail, conditions de travail;
- Congés, jour férié;
- Conventions collectives (le cas échéant).

Il y a plusieurs moyens d'arriver à extraire les mots-clés d'une question:

1. Le *Dictionnaire analogique* (Larousse) qui constitue, comme l'indique son sous-titre, un répertoire des mots par les idées et des *idées par les mots*. Comme succédané, on peut se servir d'un bon dictionnaire des synonymes.

2. En *anglais*, un thésaurus joue le double rôle de dictionnaire analogique et des synonymes.

3. La consultation d'un bon *dictionnaire juridique* (unilingue français ou anglais) aidera à préciser le mot juridique qui correspond le mieux à l'idée profane.

4. Si la recherche porte sur différents systèmes de droit ou encore sur de la documentation rédigée en plusieurs langues, on peut s'assurer de la correspondance de l'un à l'autre par un dictionnaire juridique bilingue.

Ne pas confondre ces quatre dictionnaires; chacun a un rôle particulier; le dictionnaire:

1. [analogique] traduit l'idée en mots français;

2. [thésaurus] traduit l'idée en mots anglais;

3. [juridique unilingue] traduit le profane en juridique français ou anglais selon le cas;

4. [juridique bilingue] traduit le juridique d'une langue à l'autre.

2

Note: Le fait pour le droit de n'assimiler que sur le tard les
néologismes entraîne une difficulté supplémentaire au niveau du choix des vedettes. Il faut alors penser à la qualification antérieure de la réalité sous examen car les
mots nouveaux sont lents à naître juridiquement.

> *Exemple:* L'entrée récente dans notre droit du vocabulaire
> de l'environnement: "pollution", "contaminant",
> etc., fait en sorte que l'on pourrait retrouver
> certains éléments de législation sous les mots:
> "nuisance", "fumée", "hygiène publique", etc. Au-
> tres exemples de néologismes juridiques: gains de
> capital, consommateur, droit social.

[Il faudrait créer un lexique de terminologie diachronique mis à
jour de façon permanente et rétrospective pour faire face à ce
problème.]

B- Qualifier le problème

1. Définition

Qualifier, c'est faire correspondre le problème [la série de
faits] aux grandes catégories du droit; on établit une relation.
Seule une qualification bien faite, opération fondamentale et
complexe, permettra de cerner la question juridique précise à
laquelle on veut répondre. [aspect ANALYSE]

L'*intuition* joue un rôle capital à ce stade. Elle est nécessaire pour se retrouver dans le capharnaüm législatif canadien.

2. Etapes

Pour faciliter la tâche, on peut procéder en trois étapes:

a) Dégager tout d'abord l'*aspect général dominant* selon les
catégories suivantes:

s'agit-il d'un problème

- de droit PUBLIC: ⌐constitutionnel
                   │administratif
                   │municipal
                   └   etc.

- de droit PRIVE: ⌐contrats
                   │délits
                   │personnes
                   │biens
                   └   etc.

3

On n'oubliera jamais qu'un problème réel présente souvent plus d'un aspect et que la solution complète d'une difficulté requiert alors la considération de plusieurs "sous-questions".

Rappel: ce qui caractérise le droit public, c'est la *présence* d'une personne de droit public: l'Etat, une société de la Couronne, une corporation municipale, etc. et non pas le domaine du droit concerné. Par exemple, la capacité de contracter, en soi, n'est pas plus une notion de droit public que de droit privé. Elle prendra l'aspect général d'une question de droit public ou privé selon qu'il s'agira de personnes de droit public ou privé.

b) Lire ensuite quelque chose de général sur le sujet, de manière à en dessiner la toile de fond. Ce peut être un livre [M 13], un périodique [M 14] ou une décision de jurisprudence [M 10]. On procède ainsi à l'élimination graduelle des aspects non pertinents à la solution du problème.

Il sera utile de déterminer ici l'aspect particulier qui prime: s'agit-il d'un problème:

- de DROIT SUBSTANTIF

- de PROCEDURE

- de PREUVE

(ou d'une combinaison de ces aspects).

c) Poser, enfin, les questions juridiques *précises* qui feront l'objet de la recherche proprement dite. C'est ici que débute le travail d'approfondissement.

Exemple: Le gouvernement fédéral veut exproprier d'un immeuble le gouvernement québécois. Le peut-il?

Ce qui, entre particuliers, aurait été un simple problème de droit civil, régi par les lois ordinaires d'expropriation, prend une toute autre dimension par la présence d'une personne publique (gouvernement) et devient une question de droit constitutionnel.

Pour solutionner le problème il faut savoir précisément:

- quel est le statut juridique des biens de la Couronne; s'il y a un corps de règles exorbitantes du droit commun qui s'y applique,

- si, et dans quelle mesure, une loi fédérale s'applique au gouvernement d'une province,

- comment déterminer le droit applicable au cas de conflit entre deux législations valides.

C'est à partir d'ici, une fois l'analyse terminée, qu'on cherchera les règles de droit applicables [aspect RECHERCHE] suivant la méthode que nous proposons ici (loi - règlement - jurisprudence etc.), car on sait maintenant ce qu'il faut trouver exactement.

V- [*VERIFICATION*]   DEMARCHE PRELIMINAIRE

   * signifie PEREMPTOIRE

   AI-JE VERIFIE SI....   [✓]

    - j'ai lu les PRINCIPES GENERAUX?...............................[ ]

  * - j'ai évité l'APRIORISME?....................................[ ]

    - j'ai extrait les VEDETTES-MATIERES avec:

      1. un DICTIONNAIRE ANALOGIQUE?..............................[ ]
        [ou: des SYNONYMES?]

      2. un THESAURUS?..[ ]

      3. un DICTIONNAIRE JURIDIQUE?...............................[ ]

      4. un DICTIONNAIRE JURIDIQUE BILINGUE?......................[ ]

    - j'ai tenu compte des NEOLOGISMES?...........................[ ]

  * - j'ai bien QUALIFIE?...[ ]

    - j'ai compté sur l'INTUITION?................................[ ]

TROUVER UNE LOI

I- *PLAN*

   A- Loi québécoise

       1. *Index général* de la refonte
       2. Autres possibilités:
          a) Loi antérieure non refondue
              (i) Contenu de la refonte (principe)
              (ii) Comment savoir si une loi est refondue
                 - Table de concordance
                 - Liste des refontes
          b) Loi postérieure à la refonte
          c) Loi d'intérêt privé
       3. L'*Annuaire du Québec*
       4. Deux vérifications finales:
          - Lois courantes
          - Lois à venir

   B- Loi fédérale

       1. *Index général* de la révision
       2. Autres possibilités:
          a) Loi antérieure non revisée
               (i) Contenu de la revision (principe)
              (ii) Comment savoir si une loi est revisée
                 - Historique et traitement des lois
                 - Liste des revisions
          b) Loi postérieure à la revision
          c) Loi d'intérêt privé
       3. L'*Annuaire du Canada*
       4. Deux vérifications finales:
          - Lois courantes
          - Lois à venir

II- *JUSTIFICATION*

Cette étape s'impose au début, non seulement parce que la loi est la source la plus importante de droit, mais aussi parce qu'il faut pouvoir trouver la législation *indépendamment* de toute compilation qu'un auteur aurait pu faire. On doit faire comme si on partait de rien; autrement, on risque de prendre une tangente.

III- *REMARQUES PRELIMINAIRES*

1. Lorsqu'on ignore si la législation dans un domaine est fédérale ou provinciale, le guide de base le plus sûr est évidemment le *B.N.A. Act, 1867*, 30-31 Vict, c. 3, (R.-U.), aa. 91, 92, 93, 94A et 95.

2. Malgré notre système de partage des compétences législatives, tenir compte de ce qu'il peut y avoir, sur un sujet donné, une loi fédérale *et une autre*, provinciale, concurrente, connexe ou complémentaire.

3. Le nom que porte une loi dans l'actualité n'a rien à voir avec sa référence précise dans les recueils. On ne trouvera rien si on cherche "loi omnibus" ou "loi Turner".

4. Dans le processus d'élaboration d'une loi, distinguer:

   - l'*adoption* [Assemblée Nationale; Chambre des Communes, Sénat] l'assemblée élective manifeste son désir que le texte devienne loi,

   - la *sanction* [Lieutenant-gouverneur; Gouverneur-général] le Souverain manifeste son assentiment au désir de l'assemblée: le texte devient loi,

   - l'*entrée en vigueur* [Lieutenant-gouverneur en conseil; Gouverneur-général en conseil] l'exécutif détermine à quel moment la loi commence à s'appliquer,

   - la *proclamation* [id.] l'acte par lequel l'exécutif fait connaître sa décision de faire entrer une loi en vigueur et à quelle date,

   - la *promulgation* le chef de l'état atteste officiellement l'existence d'une loi. Ne s'emploie pas en droit québécois et canadien, car ne correspond pas à une étape identifiable.

5. Toujours travailler avec l'information de première main: le texte officiel, c'est là la source. Mettre de côté les reproductions "privées" et les codifications administratives (sauf bien entendu à reconnaître leur valeur pratique, à l'occasion).

6. Ne pas confondre:
   a) La table des matières, l'index, le tableau des modifications, la table de concordance; chacun joue un rôle exclusif des autres.

   b) L'alinéa d'un article et l'adjonction d'un article nouveau.

Exemple: l'article 56a indique qu'on a ajouté un article entre
56 et 57. L'article 56 al. a) indique que l'article
56 contient plusieurs alinéas.

c) Le numéro d'un Bill (F) ou d'un projet de loi (Q) avec le numéro de chapitre qui lui est attribué dans le volume sessionnel
(F) ou annuel (Q) des lois.

7. Pour des raisons d'ordre pratique, on ne s'occupera pas des lois
impériales et britanniques susceptibles de s'appliquer encore aujourd'hui en droit canadien, à titre supplétif. Il arrive souvent
que ce soit le législateur canadien lui-même qui renvoie au droit
anglais. Pour un exemple récent, voir *Roman Corp. Ltd. et al. v.
Hudson's Bay Oil and Gas Co. Ltd.*, (1972) 23 D.L.R. (3d) 292 (Ont.
C.A.), appel à la Cour suprême rejeté, (1973) 36 D.L.R. (3d) 413.

IV- *DEMARCHE PROPREMENT DITE*

A- Loi Québécoise

1. Consulter l'*Index général* de la plus récente refonte des lois,
[le volume V des *Statuts refondus du Québec 1964*] au mot-clé
que l'on cherche.
En profiter pour noter la référence aux lois connexes.

Exemple: Je veux savoir s'il y a une loi concernant les Huissiers. La consultation de l'index répond par l'affirmative et me renvoie à la *Loi des Huissiers*, S.R.Q.
1964, c. 28.

2. Si cette première étape ne conduit à rien, il faut envisager
plusieurs possibilités:

a) Il s'agit d'une loi *antérieure* à la refonte de 1964 et qui
n'a pas été refondue. Cette hypothèse est rare mais réelle.

Exemple: La *Loi de l'aide municipale aux bibliothèques
gratuites*, S.R.Q. 1941, c. 243.

Il faudrait,en principe, examiner l'index de tous les volumes annuels ou sessionnels des lois pour en connaître l'existence et la retrouver.

Ceci nous amène à étudier deux questions:

(i) Quelles lois trouve-t-on dans la refonte?   [énoncé
du principe]

En vertu de la *Loi des Statuts refondus, 1964*, S.Q. 1965, Sess. 1, c. 9 a.1, l'Editeur officiel du Québec n'imprime dans la refonte que les lois d'un caractère *général et permanent*. On n'y trouvera donc pas les lois d'un caractère privé et transitoire (ou: moins importantes).

Quant au temps: la date de tombée de la refonte est le 31 décembre 1964, par interprétation de l'article 1 de la loi précitée. Il n'y a donc aucune loi de 1965 dans les S.R.Q. 1964.

(ii) Comment savoir si une loi est refondue?

- En *droit civil* [c.c.], RENVOI [M 16]

- En *droit municipal*, RENVOI [M 17]

- En *général*: on examine la *table de concordance*, (Vol. V) des S.R.Q. 1964.

    "Cette Table de concordance indique si les lois contenues dans les Statuts refondus, 1941, ainsi que les lois passées depuis 1941 par la Législature du Québec sont d'un caractère général et permanent ou d'un caractère temporaire, transitoire, local ou privé, et montre à quelle place ont été insérées, dans la refonte, les dispositions d'un caractère général et permanent encore en vigueur, quelles dispositions ont été abrogées ou remplacées et quelles dispositions n'ont pas été refondues." [les soulignés sont de nous].

Si on veut avoir une idée assez précise des lois non-refondues, il faut donc regarder dans cette table vis-à-vis de chaque numéro de chapitre de la loi antérieure pour voir si on y trouve les abréviations:
Inop.: inopérant
loc.: local
O.A.: objet accompli
om.: omis (non refondu)
priv.: privé
temp.: temporaire
Tr.: transitoire

Dans tous ces cas la loi en question n'aura pas été refondue.

10

ATTENTION: Cette table ne fait la concordance
qu'entre 1941 et 1964. S'il s'agis-
sait d'une loi antérieure à 1941 et
qui n'aurait pas été refondue, en 1941,
il faudrait consulter le volume pertinent de la refonte de 1941 et *ainsi
de suite* jusqu'à la première refonte.

IMPORTANT: Une loi non refondue demeure en vigueur
tant qu'elle n'a pas été abrogée. Il
n'existe pas de méthode infaillible pour
retrouver ces lois. On entre ici dans
le domaine de l'historien du droit.

Quelles ont été les dates des refontes au Québec?

1861: *Les Statuts Refondus pour le Bas-Canada*

Ensuite: 1888 - 1909 - 1925 - 1941 - 1964.

EN RESUME: Celui qui désire une liste complète des
lois non refondues encore en vigueur
doit examiner la table de concordance
de toutes les refontes et extraire chaque loi où l'on indique une omission
dans la refonte.

Pour avoir une idée des codifications et index an-
térieurs à la confédération, voir J.-C. BONENFANT,
"Promenade à travers nos vieux statuts", (1955) 2
C. *de D.* 5, et les ouvrages y cités.

Notes: 1. Pour des lois antérieures à 1969 il se
peut que la seule référence soit à l'année de règne du souverain. Pour savoir
à quelle année civile cela correspond,
voir la *Loi modifiant la loi d'interprétation*, S.Q. 1968, c. 8, le tableau en
appendice.

2. On trouve dans la *Gazette officielle
du Québec, Partie II*, (habituellement
vers la fin de l'année civile) un tableau
de la concordance entre le numéro d'un
projet de loi et le numéro de chapitre
qui lui est attribué dans le volume annuel des lois.

b) Il s'agit d'une loi *postérieure* à la refonte de 1964.

Il faut comprendre ici qu'il n'existe pas d'index statutaire cumulatif. Il faut donc consulter *chaque volume annuel* pour savoir si une loi touche notre sujet.

Pour chaque volume, il est préférable de consulter l'index, plutôt que la table des matières parce qu'on retrouve plus facilement sa loi grâce aux mots-clés. (le titre de la loi n'étant pas toujours descriptif, on évitera de s'en tenir à la table des matières).

Exemple: Quelle loi a créé Radio-Québec? Je trouve dans l'index annuel des lois du Québec de 1969 sous Radio-Québec un renvoi à la *Loi de l'Office de radio-télédiffusion du Québec*, L.Q. 1969, c. 17.

Tout va mieux, évidemment, si l'on sait d'avance en quelle année la législation a pris naissance.

c) Il s'agit peut-être d'une loi d'*intérêt privé* [qu'on appelle faussement une loi privée parce que toutes les lois sont publiques, à moins qu'elles n'aient été déclarées privées. (voir la *Loi d'interprétation*, S.R.Q. 1964, c. 1, a. 39), ce qui n'a jamais été fait au Québec].

Encore là il faut examiner chaque volume annuel, même antérieur à la refonte car les lois d'intérêt privé ne sont jamais refondues et il n'y a pas d'index cumulatif qui permette de les retrouver.

Exemple: *Loi concernant une donation de Mathilda Cormier à Médard Cormier*, L.Q. 1971, c. 138.

On note depuis quelques années une tendance à la diminution du nombre de lois d'intérêt privé. Le législateur prévoit plutôt un cadre général pour régler le cas. Néanmoins ce qui est fait est fait et un grand nombre de lois d'intérêt privé existent encore. Parmi les catégories de sujets les plus importantes, signalons:

- les changements de nom [maintenant: *Loi du changement de nom*, S.Q. 1965, Sess. 1, c. 77]

- l'incorporation de compagnies [maintenant surtout: *Loi des compagnies*, S.R.Q. 1964, c. 271]

- l'admission à une profession [maintenant en vertu du *Code des professions*, L.Q. 1973, c. 43, a. 50]

- l'incorporation de congrégations religieuses [maintenant: *Loi des corporations religieuses*, L.Q. 1971, c. 75]

- les fusions de corporations municipales [maintenant: *Loi favorisant le regroupement des municipalités*, L.Q. 1971, c. 53]

Les domaines où on utilise la loi d'intérêt privé se résument aux suivants:

- l'octroi de dispositions dérogatoires à une corporation municipale, RENVOI [M 17]

- la validation d'un acte de droit privé (vente, succession, donation).

3. Il existe une méthode qui permet de retrouver la législation dans certains cas et c'est la consultation de l'*Annuaire du Québec* (ne pas confondre avec l'*Annuaire de jurisprudence* ni avec l'*Annuaire administratif du Québec*); il s'agit d'un annuaire statistique mais il renferme beaucoup d'information sur l'administration québécoise. Il publie entre autre la liste des principales lois d'application générale, relevant des ministères.

Exemple: Je veux avoir un aperçu des principales lois québécoises relatives aux alcools. Un coup d'oeil à l'index me renverra à différentes vedettes: commerce de l'alcool, Commission de contrôle, hôtels, importations, etc.

ATTENTION: L'information recueillie doit être traitée avec circonspection, car on ne tient pas toujours compte des récents développements. Ainsi à la p. 123 de l'édition de 1972, on parle de la Régie des Alcools, alors qu'elle fut remplacée en 1971 par la *Loi de la Commission de contrôle des permis d'alcool*, L.Q. 1971, c. 19 et par la *Loi de la Société des alcools du Québec*, L.Q. 1971, c. 20.
Cela se comprend vu la nécessité d'une date d'arrêt pour la rédaction.

4. Que l'on ait ou non trouvé quelque chose, il reste deux vérifications finales à faire:

(i) *Lois courantes*

Vérifier les lois récemment sanctionnées. Depuis le 1er janvier 1973, elles sont toutes publiées dans la *Gazette officielle du Québec, Partie II*, avant leur impression

13

dans le volume annuel des lois. Un index cumulatif vient
périodiquement, quoique de façon irrégulière, faciliter
cette tâche. On peut toujours examiner les lois publiées
en feuillets séparés aussi, mais cela comporte des inconvénients.

ATTENTION: Il faut être très prudent si la période de
recherche se situe en fin de session parlementaire. La pratique d'adopter un grand
nombre de lois en un court laps de temps fait
en sorte qu'il y a un délai assez long entre
la sanction royale et la *publication* du texte.
[Le législateur devrait remédier à cette situation en faisant en sorte qu'aucune loi ne
puisse être en vigueur sans que le texte n'en
soit disponible.]

(ii) *Lois à venir*

Vérifier s'il n'y a pas, devant l'Assemblée Nationale, un
projet de loi susceptible d'affecter la documentation
trouvée. Pour cela, consulter les projets de loi passés
en première lecture un par un ou encore, consulter les
plus récents numéros des *Procès-verbaux de l'Assemblée
Nationale*.

B- Loi fédérale

1. Consulter l'*Index général* de la plus récente revision des lois
[un volume des *Statuts revisés du Canada 1970*] au mot-clé
que l'on cherche.

En profiter pour noter la référence aux lois connexes.

Exemple: Je veux savoir s'il y a une loi concernant la douane.
La consultation de l'index m'est affirmative et me
renvoie à la *Loi sur les douanes*, S.R.C. 1970, c.
C-40.

Je pourrais consulter aussi les *pages bleues* du *dernier* volume sessionnel en date. On obtient souvent le même résultat
qu'avec l'Index sauf que c'est moins précis parce qu'on a une
entrée aux titres des lois seulement.

2. Si cette première étape ne conduit à rien, il faut envisager
plusieurs possibilités:

14

a) Il s'agit d'une loi *antérieure* à la revision de 1970 et qui
n'a pas été revisée. Comment la retrouver?

L'Imprimeur de la Reine publie dans les *pages bleues* du
dernier volume en date des statuts (annuels ou sessionnels,
et non pas revisés) la liste des lois d'intérêt public en
vigueur qui n'ont pas été revisées [en 1927, 1952 ou 1970].

Ce tableau est très utile pour les questions d'accords internationaux, de frontières, de traités de paix, etc.

Exemple: Cherchant la loi applicable aux "plaines d'Abraham"
je trouverai sous "Québec" un renvoi à la *Loi des
Champs de bataille nationaux de Québec*, S.C. 1908,
c. 57.

Ceci nous amène à étudier deux questions:

(i) Quelles lois trouve-t-on dans la revision?
[énoncé du principe]

En vertu de la *Loi concernant les Statuts revisés du
Canada*, S.C. 1964-65, c. 48, S.R.C. 1970, Appendices,
la Commission de revision des Statuts n'inclut dans
la revision que les lois *publiques générales* du Canada. On n'y trouvera donc pas les lois d'un caractère
privé et transitoire (ou: moins importantes).

Vu la complexité d'opération de la dernière revision,
il serait opportun de bien avoir en tête le contenu
exact des *Statuts revisés du Canada 1970*.

Volumes I-VII: codification des lois publiques générales
du Canada au 31 décembre 1969.

1er Supplément: modification aux S.R.C.1970 et *lois
nouvelles* passées entre le 1er janvier
et le 7 octobre 1970.

2ième Supplément: modifications aux S.R.C. 1970 *et*
au 1er Supplément passées entre le
8 octobre 1970 et le 16 février 1972.

ATTENTION: Contrairement au 1er Supplément, le 2ième
ne contient pas les lois nouvelles passées
durant cette période (sauf les chapitres
10 et 31).

Les lois nouvelles (i.e. qui ne modifient
ni les S.R.C. 1970 ni le 1er Supplément)
sont publiées en deux volumes sessionnels
désignés comme suit: S.C. 1970-71-72.
Enfin, les lois passées après février 1972
sont publiées en un volume: S.C. 1972 et
ainsi de suite pour l'avenir. [Il n'est
pas question de Suppléments ici car la période transitoire pour la confection de la
revision est terminée].
Donc ne pas confondre: S.C. 1970-71-72 et
S.C. 1972.

(ii) Comment savoir si une loi est revisée?

On examine le tableau intitulé *Historique et traitement des lois*, S.R.C. 1970, Appendice I.

Ce tableau indique les dispositions que la Commission
de revision a omises parce qu'elles sont périmées ou
pour une autre raison (i.e. la loi est *temporaire,
transitoire, locale* ou *privée*) et montre à quelle place ont été insérées dans la revision les dispositions
générales et permanentes en vigueur.

Si on veut avoir une idée assez précise des lois non
revisées, il faut donc regarder dans ce tableau vis-
à-vis de chaque numéro de chapitre de la loi antérieure
pour voir si on y trouve les abréviations:

┌NC/NR: non refondu (ni abrogé, ni refondu)
└OM: omis et abrogé par la revision (périmé).

Dans ces cas la loi en question n'aura pas été revisée.

ATTENTION: Ce tableau ne fait la concordance qu'entre
              1952 et 1970. S'il s'agissait d'une loi
              antérieure à 1952 et qui n'aurait pas été
              revisée en 1952, il faudrait consulter le
              volume pertinent de la revision de 1952 et
              ainsi de suite jusqu'à la première revision.

IMPORTANT: Une loi non revisée demeure en vigueur
              tant qu'elle n'a pas été abrogée. Il n'exis-
              te pas de méthode infaillible pour retrou-
              ver ces lois. On entre ici dans le domaine
              de l'historien du droit.

16

Quelles ont été les dates des revisions au Canada?

1859: *Les statuts refondus du Canada*

Ensuite: 1886 - 1906 - 1927 - 1952 - 1970

EN RESUME: Celui qui désire une liste complète des lois non revisées encore en vigueur doit examiner la table de concordance de toutes les revisions et extraire chaque loi où l'on indique une omission dans la revision. Le cumulatif fait défaut dans ce domaine.

Pour avoir une idée des codifications et index antérieurs à la confédération, voir J.-C. BONENFANT, "Promenade à travers nos vieux statuts" (1955) 2 C. *de D.* 5, et les ouvrages y cités.

b) Il s'agit d'une loi *postérieure* à la revision de 1970.

On note ici un net avantage sur la situation qui prévaut au Québec. Il suffit en effet de se référer aux pages bleues du dernier volume (sessionnel ou annuel) des statuts et de chercher le mot-clé; le tableau étant cumulatif, on trouvera un renvoi à ce qui nous intéresse.

Exemple: Je cherche la loi constitutive de la C.D.C. Il n'y a rien avant 1970. Je trouverai dans les pages bleues du dernier volume en date un renvoi à la *Loi sur la Corporation de développement du Canada*, S.C. 1970-71-72, c. 49.

A noter cependant que les pages bleues ne tiennent pas lieu d'index et que devant l'insuffisance descriptive des titres de lois, on préférera parfois examiner l'index de chaque volume sessionnel ou annuel des lois.

c) Il s'agit peut-être d'une loi d'*intérêt privé* [qu'on appelle faussement une loi privée parce que toutes les lois sont publiques, d'une certaine manière, puisqu'il en est pris judiciairement connaissance. (voir la *Loi sur la preuve au Canada*, S.R.C. 1970, c. E-10, a. 18)]

Dans ce cas il faut faire une distinction:

(i) Les lois "faussement" privées: ce sont des lois d'intérêt public mais d'application locale ou restreinte (chemins de fer, ponts, ports, provinces, parcs, ressources, etc.). Elles ne sont pas revisées mais on les trouve dans le tableau indiqué *supra*, au paragraphe a). (pages bleues).

Exemple: *Loi sur le pont entre Ste-Foy et St-Nicolas*, S.C. 1964-65, c. 16

(ii) Les lois "vraiment" privées: ce sont des lois d'intérêt privé (le plus souvent concernant une compagnie ou un groupe particulier). Elles ne sont ni revisées ni mentionnées dans le tableau cumulatif des lois d'intérêt public. Comme au Québec, il faut parcourir chaque volume annuel ou sessionnel pour les retrouver.

Exemple: *Loi concernant l'Ordre Canadien des Forestiers*, S.C. 1968-69, c. 59.

3. Il existe une méthode qui permet de retrouver la législation dans certains cas: c'est la consultation de l'*Annuaire du Canada*. Il s'agit d'un annuaire principalement statistique mais qui contient beaucoup d'information sur l'administration fédérale. On ne cite pas [indication] les lois relatives à un domaine mais on les mentionne [identification], ce qui permet de retourner aux statuts pour en connaître la référence.

Exemple: On veut avoir une idée de la législation applicable aux avions. Je trouverai à l'index sous le mot "aviation" plusieurs renvois aux vedettes importantes dans cette matière: "accords internationaux", "politique fédérale", etc.

4. Que l'on ait ou non trouvé quelque chose, il reste deux vérifications finales à faire:

(i) *Lois courantes*

Vérifier les lois récemment sanctionnées:
On devrait normalement examiner les lois publiées en feuillets séparés, mais cela comporte des inconvénients. Outre le fait qu'on n'a pas la certitude de l'exhaustivité, les feuillets de lois fédérales indiquent seulement que le projet de loi a été *adopté* par la Chambre des Communes. Techniquement, je dois vérifier si le projet a été *adopté* par le Sénat et, ensuite, s'il a reçu la *sanction* du gouverneur-général.

ATTENTION: Il faut être très prudent si la période de recherche se situe en fin de session parlementaire. La pratique d'adopter un grand nombre de lois en un court laps de temps fait en sorte qu'il y a un délai assez long entre la sanction royale et la *publication* du texte.

18

(ii) *Lois à venir*

Vérifier s'il n'y a pas, devant le Parlement canadien, un projet de loi susceptible d'affecter la documentation trouvée. On examine un a un les projets passés en première lecture ou encore les *Débats de la Chambre des Communes*.

Ces opérations [(i) et (ii)] sont grandement facilitées par la consultation du *Current Legislative Digest-Canada*.

Cette publication hebdomadaire permet de connaître:

a) les lois récemment sanctionnées (ou simplement adoptées), et un résumé de la disposition [opération (i)]

b) les lois qui seront modifiées par un projet présentement devant les Chambres [opération (ii)]

c) les lois complètement nouvelles, qui viendront s'ajouter au corps législatif existant [opérations (i) et (ii)].

Un index refondu périodiquement facilite la recherche.

V- [*VERIFICATION*] TROUVER UNE LOI

   * signifie PEREMPTOIRE

   AI-JE VERIFIE SI...   [✓

  *   - j'ai consulté L'INDEX GENERAL?..........................[ ]

  Q   - il s'agit d'une loi antérieure NON REFONDUE?............[ ]

  F   - il s'agit d'une loi antérieure NON REVISEE?.............[ ]

 * Q   - il s'agit d'une loi POSTERIEURE à la refonte?..........[ ]

 * F   - il s'agit d'une loi POSTERIEURE à la revision?.........[ ]

      - il s'agit d'une loi d'INTERET PRIVE?...................[ ]

  Q   - j'ai consulté l'ANNUAIRE DU QUEBEC?....................[ ]

  F   - j'ai consulté l'ANNUAIRE DU CANADA?....................[ ]

  *   - j'ai examiné les LOIS COURANTES?.......................[ ]

      - j'ai tenu compte des LOIS A VENIR?....................[ ]

20

VERIFIER SI UNE LOI EST EN VIGUEUR

I- *PLAN*

    A- Loi québécoise

        1. Aspect formel [temps]

           a) S.R.Q. 1964
           b) Autres lois
              (i)   Date déterminée
              (ii)   Sanction
              (iii) Aucune mention
              (iv) Proclamation
                    - Notes

        2. Aspect matériel [contenu]

           a) Abrogation et amendement
           b) Remplacement

        3. Questions incidentes

           (i)   L'abrogation générale
           (ii)   L'abrogation implicite
           (iii) L'abrogation limitée
           (iv) Le remplacement général

        4. Lois FM

    B- Loi fédérale

        1. Aspect formel [temps]
           a) S.R.C. 1970 et S.R.C. 1970, (1er Supp.)
           b) S.R.C. 1970, (2e Supp.)
           c) Autres lois
              (i)   Date déterminée
              (ii)   Sanction
              (iii) Aucune mention
              (iv) Proclamation
                    - Notes

        2. Aspect matériel [contenu]

           a) Amendement et abrogation
           b) Remplacement

        3. Questions incidentes

           (i)   L'abrogation générale
           (ii)   L'abrogation implicite ⎤ renvoi à la partie
           (iii) L'abrogation limitée | correspondante sur
           (iv) Le remplacement général⎦ la loi québécoise

        4. Lois FM

II- *JUSTIFICATION*

La distinction paraîtra subtile au profane, mais il ne faut pas confondre l'existence d'un texte juridique et sa capacité exécutoire. Une
loi peut avoir été sanctionnée, et donc être parfaitement valide, sans
pour autant produire d'effet parce que le temps de son entrée en vigueur n'est pas encore arrivé. On doit donc pouvoir s'assurer de cela
de façon certaine. [aspect TEMPS]

De la même façon l'existence d'un texte juridique n'implique aucune garantie d'intégrité perpétuelle. Le législateur apporte souvent d'importants changements à la loi. On doit pouvoir retrouver toutes les
modifications apportées à la législation. [aspect CONTENU]

III- *REMARQUES PRELIMINAIRES*

1. Le fait de l'impression d'un texte ne comporte aucune garantie de
   sa validité ou de sa mise en vigueur. S'astreindre à vérifier,
   même en cas de quasi-certitude, voilà ce qui distingue le vérita-
   ble chercheur de ses épigones. Il faut tout vérifier, en droit,
   particulièrement ce que l'on sait.

2. Lorsqu'on cherche le sort réservé à une loi, on trouvera généralement au même endroit et selon la même démarche, si la loi a été
   abrogée ou simplement *modifiée*. C'est lorsqu'elle est ou non *remplacée* qu'il y aura lieu de distinguer et d'ajouter une opération.

   Ne pas confondre:

   L'*abrogation*:   la disparition totale d'une disposition,et

   Le *remplacement*: qui implique une continuité avec l'ancienne dis-
                     position.

IV- *DEMARCHE PROPREMENT DITE*

A- Loi québécoise

   On travaille ici essentiellement à l'aide des *pages jaunes* du *dernier* volume annuel des lois.

   1. Aspect formel [temps]

      a) Les lois contenues dans les S.R.Q. 1964 sont en vigueur à

partir du 9 septembre 1965 [A.C. 1732 du 8.9.65 (1965) 97
G.O. 4868] à titre de remplacement des lois anciennes
[voir la *Loi des Statuts refondus, 1964,* S.Q. 1965, Sess. 1,
c. 9, a. 8].

b) Pour les autres lois (i.e. lois antérieures non refondues
    et lois postérieures à la refonte), vérifier tout d'abord
    si la loi sous examen indique elle-même qu'elle est en vi-
    gueur; ceci se trouve ordinairement *à la fin* de la loi, au
    chapître des mesures diverses, transitoires et finales. Il
    y a plusieurs possibilités:

    (i)   La loi fixe une date déterminée.
    (ii)   La loi dit qu'elle entre en vigueur le jour de sa
           sanction.
    (iii) La loi ne contient aucune disposition quant à son en-
           trée en vigueur: elle entre en vigueur le soixantième
           jour après sa sanction. [*Loi d'interprétation,* S.R.Q.
           1964, c. 1, a. 5].
    (iv)   La loi entre en vigueur sur proclamation.
           Vérifier si cette proclamation a été émise.

Les *pages jaunes* du dernier volume annuel donnent la liste
des lois *antérieures* à la refonte qui ne sont pas en vigueur
faute de proclamation ainsi que la liste des lois postérieures à la refonte entrées en vigueur par proclamation depuis
1964 avec la date d'entrée en vigueur. (Ne pas confondre
ces deux listes).

Exemple: Je veux savoir aujourd'hui si la *Loi sur le com-
            merce des produits pétroliers,* L.Q. 1971, c. 33,
            est en vigueur. L'article 37 de cette loi dit
            qu'elle entre en vigueur sur proclamation. Les
            pages jaunes du volume des lois de 1972 m'indi-
            quent qu'il y a eu proclamation fixant au 1er jan-
            vier 1973 l'entrée en vigueur des articles 1 à 29
            ainsi que 36 de la loi.

IMPORTANT: Si je ne trouve pas de mention de proclamation
             d'entrée en vigueur dans les *pages jaunes* du der-
             nier volume, il faut alors regarder l'*Index* le
             plus récent de la *Gazette officielle du Québec,
             partie II,* et les numéros subséquents non encore
             indexés pour voir s'il n'y aurait pas eu de pro-
             clamation depuis la publication du volume des lois.

Au cas où on déciderait de chercher la proclamation directement dans la *Gazette officielle du Québec,* il faut se
rappeler:

a) qu'elle n'existe en deux parties que depuis janvier 1972

b) que l'index est toujours en deux parties *non cumulatives* publiées, l'une en juin, l'autre en décembre (avant 1973).

Note 1: Le Parlement peut-il confier à l'exécutif le soin de déterminer *quelles parties* d'une loi entrent en vigueur sur proclamation, ou la discrétion de l'exécutif ne porte-t-elle que sur le *moment* de l'entrée en vigueur (totale)?

La Cour suprême a décidé, dans un arrêt très faiblement majoritaire, que "l'exercice du pouvoir de proclamation dans le but de mettre en vigueur [un article] tout en excluant, au complet, un alinéa numéroté d'un paragraphe, un sous-alinéa numéroté, et même un paragraphe, est compatible avec le pouvoir de mettre certaines dispositions en vigueur, et non pas les autres."

Dans l'Affaire des Questions Soumises par le Gouverneur Général en Conseil Relatives à la Proclamation de l'Article 16 de la Loi de 1968-69 Modifiant le Droit Pénal, [1970] R.C.S. 777.

Donc, tenir compte de cette possibilité qu'une loi ne soit en vigueur que partiellement. L'exécutif retarde, parfois considérablement, l'entrée en vigueur de certaines dispositions.

Exemple: La *Loi de la probation et des établissements de détention,* L.Q. 1969, c. 21 est entrée en vigueur le 27 mai 1969 (en vertu de l'a. 40 qui renvoyait à la date de la sanction). En vertu de l'a. 39, par contre, l'a. 17, lui, entrerait en vigueur à une date fixée par proclamation. Cette dernière vient, quatre ans plus tard, fixer au 1er octobre 1973, l'entrée en vigueur de l'a. 17: (1973) 105 G.O. II 5495.

Note 2: Un règlement peut valablement être fait et publié *avant* que la loi habilitante ne soit en vigueur. Ne pas conclure à l'entrée en vigueur d'une loi pour ce motif.
[Voir la *Loi d'interprétation,* S.R.Q. 1964, c. 1, a. 55 al. 2 *in fine,* tel que modifié par la *Loi modifiant la Loi d'interprétation,* S.Q. 1968, c. 8, a. 13.]

[M 3] Q

2. Aspect matériel [contenu]

Vérifier si la loi est en vigueur *telle que trouvée*.

a) Pour vérifier les abrogations et les amendements apportés
   à une loi, il n'est pas nécessaire de vérifier tous les volumes subséquents à la loi sous examen, l'un à la suite de
   l'autre. Le tableau des modifications (pages jaunes) étant
   cumulatif, il suffit de prendre le *dernier* volume annuel
   des lois et de référer à ce qu'on y trouve.

   Exemple: Je veux savoir si l'article 50 du *Code de la rou-
   te*, S.R.Q. 1964, c. 231, (vitesse permise) a subi
   une modification depuis la refonte. Les *pages
   jaunes* sous la mention R. c. 231 m'indiquent que
   l'article 50 a été modifié par L.Q. 1970 c. 53;
   je n'ai qu'à retracer cette dernière pour connaître le texte actuellement en vigueur.

   Rappel: S'il s'agit d'une abrogation, la démarche est
   exactement la même, sous réserve du paragraphe b)
   infra.

   Lorsqu'une session est en cours il faut vérifier *en plus*
   chaque loi nouvellement sanctionnée. L'intuition est souvent nécessaire pour "deviner" quelles lois courantes sont
   susceptibles d'affecter ce qu'on a trouvé.

   Note: Lorsque plusieurs articles d'une loi sont amendés
   par une même loi, l'*ordre* des articles, dans la loi
   amendante, suit celui des articles de la loi amendée.
   Ceci permet de retrouver rapidement le texte d'un
   amendement.

   Exemple: La *Loi des valeurs mobilières*, S.R.Q. 1964, c. 274
   a été modifiée, entre autres, par la *Loi modifiant
   la Loi des valeurs mobilières*, L.Q. 1971 c. 77.
   L'a. 16 du c. 77 modifie l'a. 37 du c. 274 et l'a.
   17 du c. 77 modifie l'a. 83 du c. 274. J'EN CON-
   CLUS, -puisque les modifications à une même loi
   se suivent dans l'ordre- qu'il n'y a pas eu de modifications apportées aux articles 38 à 82 du c.
   274 par le c. 77. Tout cela, sous réserve de modifications subséquentes et à venir.

   L'Editeur officiel du Québec publie dans la *Gazette officielle
   du Québec, Partie II*, environ deux fois par année, un tableau
   des modifications apportées durant l'année seulement aux
   lois antérieures.

ATTENTION: Ce dernier tableau s'ajoute aux "pages jaunes";
il n'est pas cumulatif, il doit donc être consulté *en plus* du dernier volume.

Pour les *lois non refondues*, on ne peut utiliser cette méthode, il faut, en principe, examiner l'*index* du volume
des lois, *chaque année*; toutefois si on a en main le dernier ou le plus récent amendement à la loi non refondue,
il arrive que le législateur en retrace la chaîne historique. On peut donc s'y fier, bien que cela ne s'applique qu'à l'article étudié et non à toute la loi.

Exemple: Il n'existe aucune méthode infaillible pour établir que l'article 2 de la *Loi modifiant les articles 2174a et 2175 du Code civil*, S.Q. 1930-31,
c. 104 est abrogé par l'article 2 de la *Loi modifiant le Code civil et concernant la mise à jour
du cadastre*, L.Q. 1971, c. 83.

- En droit civil: voir aussi [M 16]

- En droit *municipal*, RENVOI [M 17]

b) Le cas d'une loi abrogée *et remplacée*: la démarche est sensiblement la même que ci-haut (a). Après avoir trouvé la
loi applicable [M 2], on se rend aux *pages jaunes*, à la loi
trouvée, et, de là, on se rend à la loi remplaçante pour voir
si elle n'a pas été modifiée. Autrement dit, on traite la
loi remplaçante comme une loi originaire, pour fins de modifications.

Exemple: Je cherche la loi québécoise applicable à la police. L'index des S.R.Q. 1964 à ce mot me renvoie à
la *Loi de la sûreté provinciale*, S.R.Q. 1964, c. 40.
Je vérifie mes *pages jaunes* sous la référence R.c.
40 et je trouve la mention suivante: Ab. *Vide* 1968
c. 17. Ceci m'indique seulement que ma loi est remplacée par la *Loi de police*, S.Q. 1968, c. 17 *mais
ne me donnera pas* les amendements apportés à ladite
Loi de police. CECI EST TRES IMPORTANT: pour trouver les amendements apportés à la *Loi de police*,
(qui remplace celle que je cherchais) je devrai me
rendre dans les *pages jaunes* à la mention 1968 c.
17 car il n'est plus question à ce stade-ci de la
Loi de la sûreté provinciale.

(Pour voir si on a bien compris cette étape fondamentale,
faire le même raisonnement pour la loi applicable au Barreau
du Québec.)

Rappel: Ne jamais oublier de vérifier l'impact des lois les
plus récentes sur ce qu'on a trouvé.

3. Questions incidentes.

    (i)   L'abrogation générale (ou *omnibus*)

        Faire attention à l'abrogation *omnibus*, celle qui fait
disparaître des dispositions incompatibles par un énoncé
de portée générale, sans mentionner de quoi il s'agit
précisément. C'est là un procédé hautement condamnable.

        Exemple: L'article 118 al. 1 de la *Loi sur l'évaluation
foncière*, L.Q. 1971, c. 50 tel que modifié par
la *Loi modifiant la loi sur l'évaluation foncière*, L.Q. 1972, c. 46,a. 29 et re-modifié par
la *Loi modifiant la loi sur l'évaluation foncière*,
L.Q. 1973, c. 31, a. 62, se lit ainsi:

> "La présente loi remplace toutes
> les dispositions législatives gé-
> nérales ou spéciales applicables
> à une Communauté, à une corpora-
> tion de cité, de ville, de villa-
> ge, de campagne ou de comté ou à
> une commission et relatives aux
> matières visées par la présente
> loi".

    (ii)   L'abrogation implicite

        Ceci se produit lorsque par application d'une loi récen-
te il est impossible de donner effet à une loi antérieure non-abrogée.

        Le législateur utilise souvent, à cette fin, le mot "no-
nobstant", ce qui a pour effet de suspendre l'application d'une loi sans abrogation expresse. L'effet est le
même, cependant.

        Un autre aspect de ce problème tient au partage constitu-
tionnel des compétences législatives sur le *Code civil*.
On sait en effet que le Code est antérieur au *B.N.A. Act
1867*, 30-31 Vict., c. 3 (R.-U.) et que plusieurs dispositions qu'il renfermait sont maintenant de compétence
fédérale.

        Exemple: L'Article 1785 C.C. relatif à l'intérêt légal
n'a aucun effet vu la *Loi sur l'intérêt*. S.R.C.

1970, c. I-18, édictée en vertu du par. 91(19) du *B.N.A. Act, 1867.*

Dans ce domaine, attention aux "faux-frères": dispositions connexes mais non incompatibles.

Exemple: L'établissement d'un registre central des régimes matrimoniaux par la *Loi concernant le registre central des régimes matrimoniaux*, L.Q. 1969, c. 78 n'a pas aboli la nécessité de l'enregistrement des donations par contrat de mariage (a. 807 C.C.).
Sur cette question, voir G. BRIERE, (1972) 32 *R. du B.* 270.

(iii) L'abrogation limitée

Cette appellation jure un peu mais elle dispose des lois antérieures à la confédération, lesquelles sont demeurées en vigueur par l'effet de l'article 129 du *B.N.A. Act, 1867,* 30-31 Vict. c. 3 (R.-U.).

Or il arrive que ces lois ne relèvent pas de l'autorité exclusive du Parlement ou des Législatures de sorte qu'elles peuvent être abrogées par un niveau d'autorité et *demeurer en vigueur pour l'autre.*

Exemple: L'*Acte concernant les élections parlementaires contestées* S.R.C. 1859, c. 7 fut abrogé

- pour le Québec: par l'*Acte pour pourvoir à la décision des élections contestées par les juges, et pour établir de meilleures dispositions pour empêcher les menées aux élections,* S.Q. 1872, c. 5, a. 53.

- pour le fédéral: par l'*Acte pour établir de meilleures dispositions à l'égard des pétitions d'élection et de tout ce qui se rattache aux élections des membres de la Chambre des Communes dont la validité est contestée,* S.C. 1873, c. 28, a. 56.

(iv) Le remplacement général

Ceci se produit lorsqu'une institution en remplace une antérieure et se voit investie des pouvoirs et obligations de l'ancienne.

Exemple: *Loi des transports,* L.Q. 1972, c. 55, a. 174:
"Dans toute loi ou proclamation ainsi que dans
tout arrêté en conseil, contrat ou document, un
renvoi à la Loi de la Régie des transports ou à
la Loi du ministère des transports est un renvoi
aux dispositions équivalentes de la Loi des
transports".

4. Il existe une codification privée du droit statutaire québécois
sous le nom de *Lois refondues FM du Québec, 1970.* Cette remar-
quable publication à feuilles mobiles donne le texte de toutes
les lois publiques générales en y incluant le texte des amendements imprimés d'une typographie différente. Ceci est très
pratique et rapide mais faire attention à divers points:

(i) Cette codification n'a aucune valeur officielle.

(ii) Il y a un risque d'erreurs.

(iii) L'absence de mention des dispositions diverses, transitoires, et finales qu'on retrouve dans la plupart des
lois amendantes.

(iv) Les délais de publication qui font en sorte que le chercheur n'est *jamais* dispensé de vérifier lui-même l'existence d'amendements plus récents que ceux qu'il a trouvés
dans les lois FM.

B- Loi fédérale

On travaille ici essentiellement à l'aide des *pages bleues* du *dernier* volume sessionnel des lois.

1. Aspect formel [temps]

a) Les lois contenues dans les S.R.C. 1970 et les S.R.C. 1970,
(1er Supp.) sont en vigueur à partir du 15 juillet 1971
[DORS/71-309, (1971) 105 Gaz. Can. II 1088] à titre de remplacement des lois anciennes [voir la *Loi concernant les
statuts revisés du Canada,* S.C. 1964-65, c. 48, a. 9 (1)].

b) Pour les lois contenues dans les S.R.C. 1970 (2e Supp.), un
petit problème se pose quant à la concordance. Ces lois entrent en vigueur à la date prévue pour chacune d'elles dans
les volumes sessionnels: S.C. 1970-71-72. Celles d'entre
elles qui modifient les S.R.C. 1970 et les S.R.C. 1970

(1er Supp.) "entrent en vigueur" comme rattachement aux S.R.C. 1970, *avec la nouvelle numérotation que cela implique*, le 1er août 1972 [TR/72-64, du 28 juin 1972, (1972) 106 Gaz. Can. II 951].

Exemple: La *Loi sur la réforme du cautionnement*, S.C. 1970-71-72, c. 37, est entrée en vigueur le 3 janvier 1972 par proclamation en vertu de l'article 25 [DORS/71-611, (1971) 105 Gaz. Can. II 2002]. Comme elle modifie le *Code criminel*, S.R.C. 1970, c. C-34, elle se trouve *aussi* dans le 2e Supplément: S.R.C. 1970,c. 2 (2e Supp.). A partir du 1er août 1972 (date de l'entrée en vigueur du 2e Supplément), on se référera à ce dernier uniquement car la numérotation s'accorde avec celle des S.R.C. 1970 (ce qui n'était pas le cas de la loi originaire).

Attention aux recoupements entre S.C. 1970-71-72 et S.R.C. 1970, (2e Supp.).

c) Quant aux autres lois (i.e. lois antérieures non revisées et lois postérieures à la revision), vérifier tout d'abord si la loi étudiée indique elle-même qu'elle est en vigueur; ceci se trouve ordinairement *à la fin* de la loi, au chapître des mesures diverses, transitoires et finales. Il y a plusieurs possibilités:

(i) La loi fixe une date déterminée.
(ii) La loi dit qu'elle entre en vigueur le jour de sa sanction.
(iii) La loi ne contient aucune disposition quant à son entrée en vigueur: elle entre en vigueur aussi le jour de sa sanction, "à minuit, la veille du jour où la loi a été édictée" [*Loi d'interprétation*, S.R.C. 1970, c. I-23, a. 5(1) et a. 6(2) tel que modifié par la *Loi modificatrice mettant en concordance avec les Statuts revisés du Canada de 1970 les modifications apportées à certaines lois par les articles 28, 30 et 31 de la Loi sur les textes réglementaires*, S.R.C. 1970, c. 29 (2e Supp.) a. 1].
(iv) La loi entre en vigueur sur proclamation.

Vérifier si cette proclamation a été émise.

Les *pages bleues* du dernier volume sessionnel donnent la liste des proclamations concernant la mise en vigueur des lois ainsi que la date d'entrée en vigueur.

ATTENTION: 1. Cette liste n'est pas cumulative et couvre seulement la période indiquée.

2. Il n'y a pas de tableau qui donne la liste
des lois non en vigueur faute de proclamation.

Exemple: Je veux savoir aujourd'hui si la *Loi sur l'éti-
quetage des textiles*, S.R.C. 1970, c. 46 (1er
Supp.) est en vigueur. L'article 18 de cette
loi m'indique qu'elle entre en vigueur sur proclamation. Les *pages bleues* des S.C. 1970-71-
72 m'indiquent qu'il y a eu proclamation fixant
au 13 décembre 1971 l'entrée en vigueur de la
loi.

Si je ne trouve pas de mention de proclamation d'entrée en
vigueur dans les *pages bleues* du dernier volume, il faut
alors regarder les index trimestriels de l'année en cours
de la *Gazette du Canada, Partie II* et les numéros subséquents non encore indexés pour voir s'il n'y aurait pas eu
de proclamation depuis.

[Avant le *Règlement sur les textes réglementaires*, DORS/71-
592, (1971) 105 Gaz. Can. II 1956, qui stipule, à l'alinéa
11 (3)c) que les proclamations sont publiées dans la *Partie
II* de la *Gazette du Canada*, on retrouvait ces proclamations
dans la *Partie I.*]

Pour connaître la date d'entrée en vigueur par proclamation,
je pourrais consulter également:

- le *Current Legislative Digest-Canada*, le *Canada Statute
  Citator* ou encore le *Canadian Current Law.*
  Je peux utiliser ce dernier instrument de deux façons, au
  choix:
  - en consultant le calendrier des proclamations au
    début de *chaque* numéro mensuel
  ou - en consultant l'index cumulatif du *dernier*
    numéro en date (dans ce cas, on n'aura pas tou-
    jours d'entrée au titre exact de la loi).

Note 1: Sur la question de l'entrée en vigueur par étapes,
voir [1970] R.C.S. 777, *supra* [M 3], A. 1, c),
Note 1.

Note 2: Un règlement peut être établi avant que la loi habilitante ne soit en vigueur. Ne pas conclure à
l'entrée en vigueur d'une loi pour ce motif.
[Voir la *Loi d'interprétation*, S.R.C. 1970, c. I-23,
a. 7].

[M 3] F

2. Aspect matériel [contenu]

Vérifier si la loi est en vigueur *telle que trouvée*.

a) Pour vérifier les abrogations et amendements apportés à une loi, il n'est pas nécessaire de vérifier tous les volumes subséquents à la loi sous examen, l'un à la suite de l'autre. Le tableau des modifications (pages bleues) étant *cumulatif*, il suffit de prendre le *dernier* volume sessionnel des lois et de référer à ce qu'on y trouve.

Exemple: Je veux savoir si l'article 37 de la *Loi relative aux enquêtes sur les coalitions*, S.R.C. 1970, c. C-23, (publication de fausses annonces) a subi une modification depuis la revision. Les *pages bleues* sous la mention "enquêtes sur les coalitions" n'indiquent aucune modification à l'article 37. Sous réserve de lois récemment sanctionnées, je puis donc conclure que l'article 37 est en vigueur tel qu'il se lit.

Rappel: 1. S'il s'agit d'une abrogation, la démarche est exactement la même, sous réserve du paragraphe b), *infra*.

2. L'ordre des articles dans une loi d'amendement suit toujours celui des articles de la loi amendée.

Lorsqu'une session est en cours il faut vérifier *en plus* chaque loi nouvellement sanctionnée. Outre l'intuition, il y a deux méthodes possibles ici:

(i) Le *Current Legislative Digest-Canada*, publication hebdomadaire avec index périodique donnant: la référence à la loi, date d'entrée en vigueur et résumé. Très bon en attendant les prochaines pages bleues.

(ii) Le *Canada Statute Citator*, qui imprime le texte amendé en plus de donner la référence aux diverses lois. Attention: la parution *trimestrielle* des mises à jour conduit à l'obligation d'examiner, pratiquement, toutes les lois récentes une à une.

Pour les *lois non revisées*, il faut, en principe, examiner l'index du volume des lois à *chaque session*; cependant, s'il s'agit d'une loi non revisée mais d'*intérêt public* [voir *supra*, [M 2] IV B c) (i)], on aura la liste des modifications dans les *pages bleues*, comme pour les lois générales et permanentes.

32

Exemple: Consultant les pages bleues, je saurai que la *Loi concernant la Commission de contrôle du lac des Bois*, S.C. 1921, c. 10 a été modifiée par la *Loi modifiant la Loi de 1921 pour le contrôle du lac des Bois*, S.C. 1958, c. 20.

b) Le cas d'une loi abrogée *et remplacée*: la démarche est sensiblement la même que ci-haut (a). Après avoir trouvé la loi applicable [M 2], on se rend aux *pages bleues*, à la loi trouvée, et, de là, on se rend à la loi remplaçante pour voir si elle n'a pas été modifiée. Autrement dit, on traite la loi remplaçante comme une loi originale, pour fins de modifications.

Exemple: Je cherche la loi fédérale applicable aux règlements. L'*Index* des S.R.C. 1970 au mot "règlements" me renvoie à la *Loi sur les règlements*, S.R.C. 1970, c. R-5. Je vérifie mes *pages bleues* sous le mot "règlements" et je trouve la mention suivante: S.R.C. R-5 abrogé 1970-71-72 c. 38. Ceci m'indique que le c. R-5 n'existe plus et qu'il est remplacé par la *Loi sur les textes réglementaires*, S.C. 1970-71-72 *mais ne me donnera pas* les amendements apportés à ladite *Loi sur les textes réglementaires*. CECI EST TRES IMPORTANT: Pour trouver les amendements apportés à la *Loi sur les textes réglementaires*, (qui remplace celle que je cherchais) je devrai me rendre dans les *pages bleues*, à la mention "textes réglementaires" car il n'est plus question à ce stade-ci de la *Loi sur les règlements*.

(Pour voir si on a bien compris cette étape fondamentale, faire le même raisonnement pour la loi applicable à l'Assurance-chômage.)

Rappel: Ne jamais oublier de vérifier l'impact des lois les plus récentes sur ce qu'on a trouvé.

3. Questions incidentes

(i) L'abrogation générale (ou *omnibus*)

Faire attention à l'abrogation *omnibus*, qui fait disparaître des dispositions incompatibles par un énoncé de portée générale. Il faut louer le soin que prend le législateur fédéral, souvent, de préciser *dans quelle mesure* les lois sont abrogées ou modifiées, dissipant ainsi toute équivoque.

Exemple: La *Loi de 1970 sur l'organisation du gouvernement*, S.R.C. 1970, c. 14 (2e Supp.) établit un
ministère de l'environnement. Les compétences
dévolues antérieurement à d'autres ministères
lui sont maintenant attribuées. Après avoir
énoncé ce principe (a. 30), le législateur indique la portée des modifications apportées, en
conséquence, à la législation existante (a. 31
et Annexe II).

(ii) L'abrogation implicite ⎤ Voir la partie correspondante
                                sur la
(iii) L'abrogation limitée   ⎥ loi québécoise.
                                (supra,
(iv) Le remplacement général ⎦ *mutatis mutandis)*

4. Il existe une codification privée du droit statutaire canadien
sous le nom de *Lois revisées* FM *du Canada 1970.* Cette remar-
quable publication à feuilles mobiles donne le texte de toutes
les lois publiques générales en y incluant le texte des amendements imprimés d'une typographie différente. Ceci est très
pratique et rapide mais faire attention à divers points:

(i)   Cette codification n'a aucune valeur officielle.

(ii) Il y a un risque d'erreurs.

(iii) L'absence de mention des dispositions diverses, transitoires et finales qu'on retrouve dans la plupart des
lois amendantes.

(iv) Les délais de publication qui font en sorte que le chercheur n'est *jamais* dispensé de vérifier lui-même l'existence d'amendements plus récents que ceux qu'il a trouvés
dans les lois FM.

V- [*VERIFICATION*]   VERIFIER SI UNE LOI EST EN VIGUEUR

* signifie PEREMPTOIRE

AI-JE VERIFIE SI....   [✓

- la loi est en vigueur quant au TEMPS:

   Q - il s'agit d'une loi des S.R.Q.?....................[ ]

   F - il s'agit d'une loi des S.R.C.?....................[ ]

      - la loi fixe une DATE DETERMINEE?...................[ ]

      - la loi renvoie à la SANCTION?......................[ ]

      - la loi ne contient AUCUNE MENTION?.................[ ]

   * - la loi renvoie à une PROCLAMATION?.................[ ]

- la loi est en vigueur quant au CONTENU:

   * Q - j'ai consulté les PAGES JAUNES?....................[ ]

   * F - j'ai consulté les PAGES BLEUES?....................[ ]

   * - j'ai consulté les LOIS COURANTES?...................[ ]

   Q - j'ai tenu compte des LOIS NON REFONDUES?...........[ ]

   F - j'ai tenu compte des LOIS NON REVISEES?............[ ]

      - j'ai considéré les QUESTIONS INCIDENTES?...........[ ]

VERIFIER L'APPLICATION D'UNE LOI

I- *PLAN*

    A- Quant au CONTENU

        1. Bien lire la loi
        2. Loi d'interprétation
        3. Renvoi à la jurisprudence
        4. Doctrine

    B- Quant à l'ESPACE

        1. Loi québécoise
        2. Loi fédérale
        3. Conflit
        4. Législation générale (Q)

    C- Quant au TEMPS

        1. La loi parle toujours
        2. Rétroactivité et application immédiate
        3. Continuité

II- *JUSTIFICATION*

Cette étape est nécessaire à trois points de vue:

1. Le processus - fondamental - d'interprétation permet de déterminer si on est dans les cas prévus par la loi. [application du CONTENU]

2. L'examen de la portée territoriale de la loi s'impose, vu la coexistence, sur le territoire étatique canadien, de plusieurs parlements souverains. [application dans l'ESPACE]

3. La possibilité d'application successive de plusieurs normes, nous oblige à examiner le problème du droit transitoire. [application dans le TEMPS]

III- *REMARQUES PRELIMINAIRES*

1. On ne donnera ici que des considérations générales, vu que cette étape fait l'objet d'un enseignement spécialisé à la Faculté de droit.

2. La similitude de la démarche permet de traiter ensemble des lois québécoises et fédérales en ne signalant que les principales différences, le cas échéant.

3. Malgré la similitude de la démarche, il convient de noter que l'interprétation dégagée pour un champ de législation ne prévaudra pas nécessairement dans un autre.

   Exemple: Les éléments du vol ne sont pas les mêmes en droit criminel (compétence fédérale) qu'en droit civil (compétence provinciale).

4. Le premier principe d'interprétation: l'*autarcie*. On doit chercher d'abord dans la loi elle-même, toute l'information qu'elle peut donner sur l'étendue de son application [CONTENU, ESPACE, TEMPS].

5. Il y a deux informations que l'on doit examiner en PRIORITE (dans les cas où la loi les donne):
   (i) Les *définitions* contenues dans le texte.
   (ii) Les dispositions diverses, transitoires et finales.

6. Concernant l'application du *Code civil*, voir aussi [M 16].

IV- *DEMARCHE PROPREMENT DITE*

A- Application du CONTENU

1. *Bien lire* la loi pour en dégager ce qu'on pourrait appeler le "profil cybernétique".

   On extrait de la loi: - les définitions
                          - les mots-clés
                          - les dispositions diverses, transitoires
                            et finales,
   que l'on écrit sur une colonne, en regard des faits auxquels on voudrait appliquer la loi.

   Exemple: Pour que la *Loi de la protection du consommateur*, L.Q. 1971, c. 74, s'applique, il faut la réunion des éléments suivants:

- contrat [a. 1 a)]
- consommateur [a. 1 d)]
- commerçant [non défini]
- bien [a. 1 c)]
- crédit [a. 1 f)]

On voit immédiatement le profil dégagé; la loi ne
s'applique pas:

- aux contrats entre non-commerçants
- aux contrats entre commerçants
- aux ventes d'immeubles (sauf certains cas)
- aux ventes au comptant (sauf certains cas)

2. Se référer à la *Loi d'interprétation*, S.R.Q. 1964, c. 1. Cette
loi contient les grands canons d'interprétation du droit statutaire québécois. Parmi les plus importants citons:
- l'abrogation (a. 12)
- le remplacement (a. 13)
- l'interprétation libérale (a. 41)
- des définitions générales (a. 61)

Au fédéral: *Loi d'interprétation*, S.R.C. 1970, c. I-23. Elle
contient elle aussi les grands principes d'interprétation de
la loi. Parmi les plus importants citons:
- l'entrée en vigueur (a. 6)
- le calcul d'un délai (a. 25)
- des définitions générales (a. 28)
- l'abrogation (a. 35)

Quant aux différences entre les deux grands systèmes de droit au
Canada et à l'existence dans l'un ou l'autre seulement, d'une
institution juridique, voir la *Loi sur les langues officielles*,
S.R.C. 1970, c. 0-2, a. 8.

3. Si le cas a déjà été soumis aux tribunaux, voir dans quel sens
ils se sont prononcés.
RENVOI [M 10].

4. Consulter les "classiques" de l'interprétation statutaire et
surtout:

L.-P. PIGEON, *Rédaction et interprétation des lois*, Québec,
1965, 56p.

P.B. MAXWELL, *On the Interpretation of Statutes*, 12e éd. par
P. St. J. Langan, London, Sweet and Maxwell, 1969, 391p.

W.F. CRAIES, *On Statute Law*, 6e éd. par S.G.G. Edgar, London,
Sweet and Maxwell, 1963, 643p.

B- Application dans l'ESPACE

On n'examinera pas ici la possibilité occasionnelle d'application extra-territoriale des lois québécoise et canadienne.

1. La loi *québécoise* s'applique à tout le territoire du Québec, sauf restriction spécifique. [*Arrow River* v. *Pigeon Timber Co.* [1932] R.C.S. 495, 509 (J. Lamont)]

   Pour le *Code Civil*, RENVOI [M 16].

2. La loi *fédérale* s'applique à tout le Canada. [*Loi d'interprétation*, S.R.C. 1970, c. I-23, a. 8(1)]

3. Le problème du conflit entre deux lois, l'une québécoise, l'autre canadienne, susceptibles d'application sur une même partie du territoire québécois relève du droit constitutionnel. Nous en toucherons un mot *infra* [M 5].

4. Au Québec, la loi générale sur la division du territoire et ses limites est la *Loi de la division territoriale*, S.R.Q. 1964, c. 5. (districts électoraux et judiciaires, divisions d'enregistrement, etc.).

C- Application dans le TEMPS

1. La loi parle toujours. Elle doit recevoir son application dans tous les cas possibles.

   au Québec: *Loi d'interprétation*, S.R.Q. 1964, c. 1, a. 49.

   au fédéral: *Loi d'interprétation*, S.R.C. 1970, c. I-23, a. 10.

   La loi a une durée perpétuelle sauf caducité ou abrogation. Ceci est important à rappeler, surtout pour les lois non refondues ou non revisées.

2. Il faut distinguer la rétroactivité pure et simple de l'application immédiate dans le temps. Lorsqu'une législation entre en vigueur, il est inévitable qu'elle affecte les choses en existence et CECI N'EST PAS DE LA RETROACTIVITE.

   "Retrospective operation is one matter. Interference with existing rights is another. If an Act provides that as at a past date the law shall be taken to have been that which it was not, that Act I understand to be retrospective."

   West v. *Gwynne*, (1911) 2 Ch. 1, 11 (C.A.), au Canada voir l'arrêt *Thomashavsky* v. *Young*, (1955) 5 D.L.R. 451 (C.A., Alta.).

Donc, ne pas confondre: ⎡effet rétroactif
⎣effet immédiat

Exemple: Supposons l'hypothèse d'une nouvelle loi québécoise
qui obligerait tous les courtiers en valeurs mobilières à verser une taxe annuelle de vingt dollars à un
fonds de recherche. Cette nouvelle loi s'applique,
dès son entrée en vigueur, à tous les courtiers déjà en
exercice, et donc à ceux qui étaient courtiers *avant*
la nouvelle loi. CECI N'EST PAS DE LA RETROACTIVITE,
c'est l'application immédiate d'une loi. La loi aurait
été rétroactive si elle avait obligé *pour le passé* les
courtiers à verser la somme, en édictant qu'elle était
due, avec les arrérages, depuis telle date.

En attendant l'ouvrage de base sur la question, on aura intérêt
à consulter R. LANDRY, "De l'application de la loi dans le temps",
dans *Travaux du troisième colloque international de droit comparé*,
Montréal, Wilson et Lafleur, s.d., p. 6.
La solution apportée par le législateur ou la jurisprudence
[très rare sur le sujet] varie selon que le problème étudié
est un problème de:

- droit acquis (par opposition à une simple expectative)
- procédure
- preuve
- prescription
- renvoi (ou: législation référentielle).

3. Il faut se souvenir qu'il y a très peu de cas de génération spon-
tanée en droit. Le plus souvent, la *continuité* avec la législation
antérieure est la règle. On doit chercher en quoi (contenu) et
par quoi (forme) la nouvelle loi se rattache à l'ancienne. Il
s'ensuit des conséquences importantes au niveau de la cueillette
d'information et de l'interprétation.

La règle de la continuité est exprimée dans la *Loi d'interprétation*,
S.R.Q. 1964, c. 1 a. 13, au fédéral, S.R.C. 1970, c. I-23, a.
36.

V- [*VERIFICATION*]   L'APPLICATION D'UNE LOI

   * signifie PEREMPTOIRE

   AI-JE VERIFIE SI....   [✓

   * - j'ai bien LU la loi?..[ ]

   * - j'ai extrait les DEFINITIONS?..............................[ ]

   * - j'ai examiné les DISPOSITIONS TRANSITOIRES?................[ ]

     - je me suis référé à la LOI D'INTERPRETATION?...............[ ]

     - j'ai cherché de la JURISPRUDENCE, [M 10]?..................[ ]

     - j'ai consulté la DOCTRINE classique?.......................[ ]

     - j'ai tenu compte de l'assiette TERRITORIALE?...............[ ]

     - je n'ai pas oublié que la loi PARLE TOUJOURS?..............[ ]

   * - j'ai distingué rétroactivité D'IMMEDIATETE?................[ ]

     - j'ai vu la CONTINUITE avec le droit antérieur?.............[ ]

[M 5]

VERIFIER LA VALIDITE D'UNE LOI

I- *PLAN*

   A- Il y a un titre de compétence énuméré

       1. Le principe
       2. L'extension du principe
           a) Le pouvoir déclaratoire
           b) Le pouvoir ancillaire
           c) La prépondérance

   B- Il n'y a pas de titre de compétence énuméré

       1. Le principe
       2. L'extension du principe
           a) Le pouvoir d'urgence
           b) Les dimensions nationales

   C- Notes

       1. Présomption de validité
       2. Doctrine

II- *JUSTIFICATION*

   En droit canadien, il n'y a pas de super-légalité qui rendrait invalide
   une loi ordinaire du Parlement. En vertu du partage constitutionnel des
   compétences, cependant, un niveau de législation ne peut entrer dans le
   champ de compétence de l'autre; s'il le fait, la loi sera inconstitution-
   nelle, donc invalide.

   Pourquoi ne pas avoir soulevé cette question avant? Il y a deux raisons
   à cela:

   1. Il ne sert à rien de discuter de la constitutionnalité d'une loi a-
       brogée: il fallait donc d'abord vérifier si elle est en vigueur et
       si elle est susceptible de s'appliquer à mon cas avant d'en arriver
       à la présente étape.

   2. Puisque les tribunaux canadiens ne se prononcent pas sur cette ques-
       tion sans saisine formelle, il arrive fréquemment que l'on décide de
       ne pas soulever l'inconstitutionnalité pour éviter des pertes de
       temps et d'argent. Ceci ne dispense pas, évidemment, de traiter les
       étapes précédentes.

III- *REMARQUES PRELIMINAIRES*

1. On ne s'occupera pas ici du cas de l'invalidité technique d'une loi
    pour défaut d'une condition essentielle (s'il manque la sanction
    royale, par exemple).
    Il s'agirait plutôt, dans ce cas, d'inexistence *stricto sensu* que
    d'invalidité.

2. Le problème de la validité matérielle d'une loi ne se pose pas, en
    pratique, en droit canadien. Une loi peut être immorale, injuste,
    abusive, inopportune, si elle est validement adoptée par le parle-
    ment et suffisamment claire, les juges, la plupart du temps, lui
    donneront effet sans tenir compte de ce qu'ils pensent de la norme.

3. On a déjà vu [*supra*, [M 2] III, 2.] qu'il peut y avoir sur un même
    sujet une loi fédérale et une autre, provinciale, concurrente, con-
    nexe ou complémentaire. Ceci n'implique aucunement que l'une des
    deux soit invalide.

    On distinguera, pour chaque cas:

    - l'incompatibilité
    - le conflit
    - la prépondérance
    - la concurrence
    - la complémentarité
    - la similitude
    - l'analogie

4. Le fait de l'existence d'une loi d'un niveau, sur un sujet donné,
    n'implique pas, en général, une immunité d'application des lois de
    l'autre niveau.

    Exemple: Le fait que le fédéral soit compétent relativement aux
    banques [a. 91(15) du *B.N.A. Act, 1867.*] n'empêche pas
    qu'une loi provinciale relative à la production en preuve
    de documents bancaires puisse s'appliquer à une banque.
    Voir: *Sommers v. Sturdy,* (No 2) (1957) 22 W.W.R. 49, 10
    D.L.R. (2d) 269, (B.C.C.A.).

5. Pour le *Code Civil*, voir aussi [M 16].

6. Le lecteur comprendra qu'il ne peut trouver dans ces pages, l'équi-
    valent d'un traité de droit constitutionnel. Il s'agit simplement
    de mentionner les possibilités qu'il faut envisager en étudiant cet-
    te question de la validité.

IV- *DEMARCHE PROPREMENT DITE*

Tout gravite autour du partage des compétences législatives et de sa souplesse ou de sa rigidité.

A- Il y a un titre de compétence énuméré

   1. Le principe

On examine la partie écrite de la constitution canadienne, le *B.N.A. Act, 1867*, 30-31 Vict., c. 3 (R.U.), S.R.C. 1970, Appendice II, principalement aux articles 91, 92, 93, 94A et 95.

Lorsqu'on y trouve un pouvoir énuméré, il y a une présomption, dans certains cas irréfragable, que l'autre niveau de législation ne peut y entrer.

Exemple: Une loi provinciale sur le droit d'auteur serait invalide vu le paragraphe 91(23) du *B.N.A. Act, 1867*, qui attribue cette compétence au fédéral.

   2. L'extension du principe

On doit tenir compte des aspects suivants:

   a) Le *pouvoir déclaratoire*, prévu au paragraphe 92(10)c) du *B.N.A. Act, 1967*, [complété par le paragraphe 91(29)]. Ce pouvoir permet au Parlement fédéral de déclarer certains ouvrages locaux "à l'avantage général du Canada". Ce qui les soustrait à la compétence législative provinciale.

   b) Le *pouvoir ancillaire* (ou implicite) permet au fédéral de légiférer dans des domaines de compétence provinciale lorsque c'est nécessaire pour l'application d'une législation fédérale valide (i.e. située dans le champ des compétences énumérées du fédéral).

   c) La *prépondérance* signifie qu'en cas de conflit entre deux lois - l'une fédérale, l'autre provinciale - valides, la loi fédérale l'emportera à cause de l'impossibilité de coexistence des deux.

B- Il n'y a pas de titre de compétence énuméré

   1. Le principe

S'il s'agit d'une compétence non-énumérée, la jurisprudence a décidé qu'il appartenait au fédéral en vertu de l'alinéa introductif de l'article 91 du *B.N.A. Act, 1867*, interprété largement. C'est ce qu'on appelle le *pouvoir résiduaire*.

2. L'extension du principe

a) Le *pouvoir d'urgence*, exprimé essentiellement par la *Loi sur les mesures de guerre*, S.R.C. 1970, c. W-2, permet une suspension temporaire du partage des pouvoirs au profit du fédéral.

b) La théorie des *dimensions nationales*, permet à la Cour suprême de faire entrer dans le champ de compétence fédéral une question d'importance "nationale" -par opposition à "local" -, sans autre forme de justification logique.

C- Notes

1. Se rappeler, en terminant, que les parlements sont présumés avoir légiféré chacun dans leur sphère de compétence; la loi bénéficie donc d'une présomption de validité.

2. On aura intérêt, pour expliciter les diverses théories constitutionnelles mentionnées ici, à voir de plus près, entre autres:

B. LASKIN, *Canadian Constitutional Law*, 3e éd. (revisée) Toronto, Carswell Co. Ltd., 1969.

H. BRUN et G. TREMBLAY, *Droit public fondamental*, Québec, P.U.L., 1972, pp. 139-142.

D. ALHERITHIERE, "De la prépondérance fédérale en droit constitutionnel canadien", (1971) 12 *C. de D.* 545.

A. TREMBLAY, "L'incertitude du droit constitutionnel canadien relatif au partage des compétences législatives", (1969) 29 *R. du B.* 197.

Pour la jurisprudence, RENVOI [M 10].

V- [VERIFICATION]   LA VALIDITE D'UNE LOI

    * signifie PEREMPTOIRE

    AI-JE VERIFIE SI....   [✓

    * - il s'agit d'un TITRE ENUMERE?................................[ ]

       - il s'agit du POUVOIR DECLARATOIRE?...........................[ ]

       - il s'agit du POUVOIR ANCILLAIRE?.............................[ ]

    * - il s'agit de PREPONDERANCE?.................................[ ]

    * - il s'agit du POUVOIR RESIDUAIRE?............................[ ]

       - il s'agit du POUVOIR D'URGENCE?..............................[ ]

       - il s'agit des DIMENSIONS NATIONALES?.........................[ ]

       - j'ai tenu compte de la PRESOMPTION DE VALIDITE?..............[ ]

[M 6]

TROUVER UN REGLEMENT

I- *PLAN*

A- Règlement québécois

1. Codification administrative
    a) Connaissant la loi habilitante
    b) Ne connaissant pas la loi habilitante

2. Règlements non publiés
    a) Publication non requise
    b) Publication différée
    c) Doute quant à la nature de l'acte

3. Règlements récents

4. Caractère officiel

B- Règlement fédéral

1. Répertoire général
    a) Connaissant la loi habilitante
    b) Ne connaissant pas la loi habilitante

2. Règlements non publiés
    a) Publication non requise
    b) Publication différée
    c) Doute quant à la nature de l'acte

3. Règlements récents

4. Caractère officiel

II- *JUSTIFICATION*

La complexité de l'administration moderne oblige souvent le législateur à ne déterminer que les grandes lignes d'une législation tout en laissant à l'administration le soin d'élaborer elle-même le contenu précis des normes: c'est ce qu'on appelle de la législation déléguée. De nos jours, il est *impensable* de travailler avec une loi sans tenir compte de la législation déléguée qui explicite et, souvent, restreint le champ d'application de la loi.

III- *REMARQUES PRELIMINAIRES*

1. La terminologie revêt ici une importance secondaire vu la grande diversité d'appellations possibles. Nous employons le mot "règlement"

47

pour couvrir l'ensemble de la législation déléguée [l'édiction de *normes*]; peu importe le nom d'origine: arrêté-en-conseil, arrêté ministériel, règlement, directive, ordonnance, règles de pratique, décret, instrument statutaire, etc., c'est le contenu qui compte.

2. Il ne faut pas confondre un règlement avec l'acte du gouvernement qui lui donne une existence légale (et qui s'appelle un arrêté-en-conseil, la plupart du temps). L'arrêté, c'est la façon de s'exprimer, pour l'exécutif. Toute décision de l'exécutif (conseil des ministres) se fait par un arrêté-en-conseil. Mais on comprendra qu'il ne s'agit pas toujours d'un règlement.

    Donc: Un arrêté n'est pas nécessairement de nature réglementaire.

    Un règlement n'est pas toujours adopté par un arrêté.

    Cette distinction revêt son importance au niveau de la publication: un règlement *doit* être publié (en général) un arrêté *peut* être publié.

3. Lorsqu'on n'est pas sûr d'être en présence d'un règlement, on doit examiner si le texte édicte des *normes*, s'il est plutôt de nature législative que simplement exécutive. Si c'est le cas, on le traite comme un règlement car ce qui importe ici, ce n'est pas l'auteur de l'acte ou la procédure suivie, mais bien ce que le délégataire peut faire.

IV- *DÉMARCHE PROPREMENT DITE*

A- *Règlement québécois*

1. Consulter d'abord la codification administrative des *Règlements d'application des lois*. Il y a deux façons de s'y retrouver, selon que l'on connait ou non la loi habilitante.

    a) On connaît la loi habilitante

        Consulter la table alphabétique (*pages vertes*) sous le titre de la loi concernée; ceci donnera un renvoi au volume et à la page dans la codification.

        Exemple: Au terme de la *Loi de l'hôtellerie*, S.R.Q. 1964, c. 205, a. 12, al. e), le lieutenant gouverneur en conseil peut définir la publicité qui doit être faite au prix des repas. Je consulte les *pages vertes* au mot "hôtellerie" (le titre de la loi et non celui du règlement) et je trouve un renvoi: Prix des repas, affichage à l'extérieur des restaurants... 7-913. Je trouverai mon texte au volume 7, page 913.

Dans chacun des volumes, l'ordre des règlements suit celui des S.R.Q. 1964, par grands groupes de sujets. Ceci pose un problème pour les lois *postérieures* à la refonte; il y a deux possibilités:

(i) La loi postérieure *remplace* la loi des S.R.Q. 1964. Le règlement est situé à la même place, comme si l'ancienne loi était en vigueur, mais avec une indication de la nouvelle référence.

Exemple: La *Loi de la fonction publique*, S.Q. 1965, Sess. 1, c. 14 a remplacé la *Loi du Service civil*, S.R.Q. 1964, c. 13. Les règlements édictés en vertu de la *Loi de la fonction publique* seront tous classés à cet endroit (i.e. sous le c. 13) *comme si* le chapître 13 était encore en vigueur.

(ii) La loi postérieure est entièrement *nouvelle*. Le règlement est classé sous la loi nouvelle, mais la loi nouvelle elle-même est rattachée aux autres par grands groupes de sujets (comme dans les S.R.Q. 1964) et, là, en ordre chronologique.

Exemple: La *Loi du changement de nom*. S.Q. 1965, Sess. 1, c. 77 est une loi nouvelle, postérieure à 1964 et qui ne remplace aucune loi antérieure. Comme elle relève du ministère de la Justice, elle est placée après toutes les lois des S.R.Q. 1964 qui relèvent aussi de la Justice, et c'est à cet endroit que je trouverai le *Règlement d'application de la Loi du changement de nom.*

b) On ne connaît pas la loi habilitante

On consulte alors l'index analytique de la codification qui donne un mot-clé par sujet traité.

Exemple: Je cherche le *Règlement concernant le dépôt légal* mais j'ignore qu'il est édicté en vertu de la *Loi de la Bibliothèque nationale du Québec*, S.Q. 1966-67, c. 24. Un examen de l'index, aux mots "dépôt légal" me renvoie au volume pertinent de la codification.

2. La codification administrative, n'étant pas exhaustive, si ces deux premières approches ne conduisent à rien, il faut envisager plusieurs possibilités.

a) Il s'agit d'un règlement qui n'est pas publié parce que la loi habilitante n'en requiert pas la publication.

Exemple: En vertu de l'a. 43 de la *Loi de la protection de la jeunesse*, S.R.Q. 1964, c. 220, le lieutenant-gouverneur en conseil détermine le "prix payé, par jour, à toute école pour la garde de chacun des enfants qui lui sont confiés." La loi ne mentionne aucune obligation de publier. On ne trouve pas ce règlement dans la codification, non plus que dans la *Gazette officielle du Québec.*

Dans ce cas on doit s'adresser directement à l'organisme qui a le pouvoir d'établir le règlement, pour l'obtenir.

Dans le cas d'un arrêté en conseil, la procédure d'obtention est prévue par l'A.C. 2815-72 du 27 septembre 1972, (1972) 104 G.O. 9397, concernant la publication et la distribution des arrêtés en conseil: il faut s'adresser au bureau du greffier du Conseil exécutif, etc.

Remarque: Depuis l'adoption du *Règlement concernant la Gazette officielle du Québec*, A.C. 3213 du 25 octobre 1972, (1972) 104 G.O. 9727, la *Gazette, Partie II* renferme "tous les textes réglementaires de l'administration québécoise dont l'adoption est prévue par les diverses lois du Québec".

Quaere 1: Cette norme rend-elle obligatoire la publication de tous les règlements *même si* la loi habilitante ne la mentionne pas ou, au contraire, ne fait-elle qu'indiquer *où* sont publiés les règlements *dont* la loi prévoit l'adoption?

Quaere 2: Cette norme rend-elle nulle la publication d'un règlement dans la *Partie I?*

b) Il s'agit d'un règlement qui devrait être publié mais ne l'a pas encore été. Le problème est plus un problème de validité du règlement lui-même et des actes posés sous son empire. Il faudra voir, dans chaque cas, si le législateur a voulu la nullité du règlement comme sanction de sa non publication. On ne doit pas conclure à la nullité du seul fait de la non publication.

c) Le règlement n'est pas publié parce que l'autorité qui l'a établi considère qu'il ne s'agit pas d'un règlement.

Cette hypothèse est rare mais possible: il y a, en effet, des cas-frontières entre un vrai règlement et une simple directive administrative. En l'absence de définition législative d'un règlement, la question pourrait être soumise aux tribunaux. (Par requête pour jugement déclaratoire sous l'a. 453 c.p.c., par exemple.)

3. Que l'on ait ou non trouvé quelque chose il faut toujours vérifier s'il n'y a pas eu de nouveaux règlements venus s'ajouter depuis la date de la dernière codification. On peut le savoir en examinant la *Gazette officielle du Québec, Partie II*, qui publie les règlements dès leur adoption.

On consulte le plus récent *Index cumulatif des textes réglementaires*, publié trimestriellement dans la G.O. II et *tous* les numéros subséquents non encore indexés.

ATTENTION: 1. Le délai de publication des mises à jour de la codification administrative oblige souvent à un examen de la *Gazette officielle du Québec, Partie II*, sur une période d'un an!

2. Jusqu'à 1972, il n'y avait pas d'*Index des textes réglementaires* mais un index général de la G.O. publié deux fois par année (juin et décembre) et non cumulatif. On doit consulter les deux pour couvrir une année.

3. Vu le grand nombre de textes publiés, il y a parfois des erreurs qui s'y glissent et le chercheur en tient compte en ne négligeant pas d'examiner les ERRATA au même titre que le texte principal.

4. Caractère officiel

De tout ce qui précède le lecteur aura compris qu'il ne doit PAS CONFONDRE:

G.O. II *Gazette officielle du Québec, Partie II*, où les règlements sont publiés en premier lieu et ont valeur authentique.

R.A.L. *Règlements d'application des lois*. Codification administrative des règlements statutaires québécois.

La codification administrative ne jouit d'aucun caractère officiel: c'est une compilation purement utilitaire à laquelle on a fait subir des modifications de concordance (et dont on a changé la numérotation!). Il faut toujours s'en rapporter au texte officiel pour être assuré de l'authenticité.

Si le texte a été publié dans la *Gazette officielle du Québec*, il est authentique et fait foi de son contenu.

Voir l'a. 141 de la *Loi de la législature*, S.R.Q. 1964, c. 6 tel qu'édicté par la *Loi abrogeant la Loi du secrétariat et modifiant d'autres dispositions législatives*, L.Q. 1969, c. 26 a. 6, qui se lit comme suit: "Les publications dans la *Gazette officielle du Québec* ainsi que les copies de documents officiels, proclamations et annonces imprimés par l'éditeur officiel du Québec, pour le gouvernement sont authentiques".

(au même effet: a. 1207 C.C.)

B- *Règlement fédéral*

1. Consulter d'abord le répertoire général des règlements, publié trimestriellement sous le nom d'*Index codifié des textes réglementaires* dans la *Gazette du Canada, Partie II*. Il y a deux façons de s'y retrouver, selon que l'on connait ou non la loi habilitante.

   a) On connaît la loi habilitante

   Consulter l'*Index codifié* le plus récent, au tableau II, sous le titre de la loi concernée; ceci donnera un renvoi à l'endroit où je puis trouver le règlement (soit la plus récente *Codification des règlements*, soit la *Gazette du Canada, Partie II*).

   Exemple: Je cherche les règlements édictés en vertu de la *Loi sur l'immigration*, S.R.C. 1970, c. I-2. Le tableau II de l'*Index codifié* m'en donnera la liste au mot "immigration".

   Vu que l'*Index codifié* est continuellement revisé, il n'y a aucun problème pour les règlements faits en vertu de lois postérieures à la revision: ces lois sont incluses au tableau II.

   b) On ne connaît pas la loi habilitante

   On consulte l'index le plus récent de la *Codification des règlements du Canada*, qui donne un mot-clé par sujet traité.

Le tableau I de l'*Index codifié* facilite aussi la recherche en indiquant sous quelle loi il faut chercher (dans le tableau II) pour trouver le règlement qui nous intéresse.

ATTENTION: Le tableau I n'est pas un index alphabétique du contenu des règlements mais plutôt une liste établie d'après les titres des règlements.

Exemple: Je cherche la réglementation applicable aux armes à feu. Le tableau I m'indique que je peux chercher sous le *Code Criminel*, quant au permis de possession, et sous la *Loi des douanes*, quant à l'importation. De là, je me rends au tableau II et travaille comme dans le cas où je connaissais la loi habilitante.

2. La *Codification des Règlements du Canada* ne contient pas tous les règlements édictés en vertu d'une loi fédérale. Si les deux premières approches ne conduisent à rien, il faut envisager plusieurs possibilités.

   a) Il s'agit d'un cas où la publication n'est pas requise.

      Comment savoir si un règlement doit être publié ou non? La réponse, essentiellement, se trouve dans la *Loi sur les textes réglementaires*, S.C. 1970-71-72, c. 38 (citée, dans cette section, la "*loi*") et dans le *Règlement sur les textes réglementaires*, DORS/71-592, (1971) 105 Gaz. Can. II 1956 (cité, dans cette section, le "*règlement*").

      Pour bien saisir le problème, le lecteur devrait parcourir les dispositions suivantes:

      [principe]
      - définition de règlement (a. 2 de la *loi*)
      - l'enregistrement auprès du Conseil privé (a. 5 de la *loi*)
      - la publication dans la *Gazette du Canada* (a. 11 de la *loi*)

      [exception]
      - la soustraction à l'enregistrement (a. 7 du *règlement*)
      - la soustraction à la publication (a. 14 du *règlement*)

      On peut donc avoir un règlement:
      - enregistré et publié
      - enregistré et non publié
      - non enregistré et publié
      - non enregistré et non publié

De cela résulte la possibilité d'obtenir ou non des copies de certains règlements.

Pour faciliter partiellement la tâche, le tableau III de l'*Index codifié* donne la liste des règlements soustraits à l'enregistrement et à la publication (sauf le cas de la sécurité nationale: aucune mention).

Lorsqu'on a consulté ces références, et que l'on n'a rien trouvé, on peut raisonnablement conclure qu'il n'y a pas de règlement sur le sujet ou, encore, que le texte examiné n'est pas un règlement.

b) Il s'agit d'un règlement qui devrait être publié mais ne l'a pas encore été. Le problème est plus un problème de validité du règlement lui-même et des actes posés sous son empire.

Le législateur a prévu, au paragraphe 11(2) de la *Loi sur les textes réglementaires*, S.C. 1970-71-72, c. 38, qu' "aucun règlement n'est invalide du seul fait qu'il n'a pas été publié dans la *Gazette du Canada*".

c) Le règlement n'est pas publié parce que l'autorité qui l'a établi considère qu'il ne s'agit pas d'un règlement.

Malgré la présomption que certains textes sont des règlements, présomption édictée par le paragraphe 2(2) de la *Loi sur les textes réglementaires*, S.C. 1970-71-72, c. 38, cette hypothèse demeure possible. La question pourrait être soumise à la Cour fédérale (par action pour jugement déclaratoire sous l'a. 18 de la *Loi sur la Cour fédérale*, S.R.C. 1970, c. 10 (2e Supp.).

3. Que l'on ait ou non trouvé quelque chose, il faut toujours vérifier s'il n'y a pas eu de nouveaux règlements venus s'ajouter depuis le dernier *Index codifié*. On peut le savoir en consultant la *Gazette du Canada, Partie II* qui publie les règlements dès leur adoption. Il faut consulter *tous* les numéros subséquents non encore indexés.

4. Caractère officiel

La *Codification des règlements du Canada* et la *Gazette du Canada* sont admis d'office en justice, en vertu de l'a. 23 de la *Loi sur les textes réglementaires*, S.C. 1970-71-72, c. 38. Ils font preuve de l'original et de son contenu.

Voir la *Loi sur la preuve au Canada*, S.R.C. 1970, c. E-10, aa. 20 et 32(2); ce dernier se lit comme suit:

"Toutes copies d'avis, d'annonces et de documents officiels et autres imprimés dans la *Gazette du Canada*, sont admissibles en preuve et font preuve des originaux et de leur contenu."

[M 6]

V- [VERIFICATION]   TROUVER UN REGLEMENT

   * signifie PEREMPTOIRE

   AI-JE VERIFIE SI....   [✓]

  * Q - j'ai consulté la dernière CODIFICATION?..................[ ]

  * F - j'ai consulté l'INDEX CODIFIE?..........................[ ]

      - il doit y avoir PUBLICATION?...........................[ ]

      - il s'agit bien d'un REGLEMENT?.........................[ ]

  * Q - j'ai examiné la GAZETTE OFFICIELLE DU QUEBEC?...........[ ]

  * F - j'ai examiné la GAZETTE DU CANADA?.....................[ ]

    Q - j'ai tenu compte du caractère NON OFFICIEL?.............[ ]

56

VERIFIER SI UN REGLEMENT EST EN VIGUEUR

I- *PLAN*

A- Aspect formel [temps]

- Dates diverses

1. Date déterminée par règlement
   a) Directement
   b) Indirectement

2. Date déterminée par la loi habilitante
   a) Publication
   b) Proclamation

3. Aucune mention
   a) Au Québec
   b) Au fédéral

B- Aspect matériel [contenu]

1. Abrogation et amendement par voie directe
   a) Au Québec
   b) Au fédéral
   - Le cas d'une *autre* loi habilitante

2. Abrogation ou amendement par voie indirecte
   a) Loi habilitante abrogée
   b) Loi habilitante remplacée
   c) Loi habilitante modifiée
   d) Loi habilitante nouvelle
   e) Au fédéral: la résolution du Parlement

II- *JUSTIFICATION*

(même argumentation que pour la loi, *supra* [M 3])

Il ne faut pas confondre l'existence d'un texte juridique et sa capacité exécutoire. Un règlement peut avoir été édicté, et donc être parfaitement valide, sans pour autant produire d'effet parce que le temps de son entrée en vigueur n'est pas encore arrivé. On doit donc pouvoir s'assurer de cela de façon certaine. [aspect TEMPS]

De la même façon, l'existence d'un texte juridique n'implique aucune garantie d'intégrité perpétuelle. L'autorité réglementante apporte souvent d'importants changements au règlement. On doit pouvoir retrouver toutes les modifications apportées à la réglementation. [aspect CONTENU].

[M 7]

III- *REMARQUE PRELIMINAIRE*

Sauf indication contraire, la démarche est la même pour les règlements
québécois et fédéraux.

IV- *DEMARCHE PROPREMENT DITE*

A- Aspect formel [temps]

Dans la détermination de la date d'entrée en vigueur d'un règlement
il est très important de NE PAS CONFONDRE:

- la date de *rédaction* de l'acte
- la date de son *approbation* par l'autorité
- la date de son *entrée en vigueur*
- la date de sa *publication*

Bien sûr, il peut y avoir recoupement entre l'une ou l'autre de
ces dates (p.e. la date d'*entrée en vigueur* peut être celle de la
publication) mais la prudence exige de bien préciser la portée de
chacune.

Voyons les différentes possibilités.

1. Le règlement indique lui-même sa date d'entrée en vigueur. Ceci se trouve habituellement à la fin du texte, dans les dispositions diverses, transitoires et finales.

a) Directement: en fixant une date déterminée
b) Indirectement: en renvoyant à la date de publication.

Exemple: Le *Règlement concernant la façon dont il doit être
disposé des objets mobiliers confisqués en vertu
de la Loi de la conservation de la faune*, A.C. 3081-
72 du 18.10.72, (1973) 105 G.O. II 863, stipule
qu'il entre en vigueur à la date de sa publication
dans la *Gazette officielle du Québec*. C'est donc
le 28 mars 1973 et non le 18 octobre 1972 que le
règlement entre en vigueur.

ATTENTION: Au Québec, la codification administrative, *Règlements
d'application des lois*, ne contient aucune information quant à la date d'entrée en vigueur. On doit
nécessairement s'en rapporter au texte officiel pour
la connaître.

58

2. La loi habilitante fixe une règle générale pour déterminer la date d'entrée en vigueur des règlements édictés sous son empire.

    On connaît deux principaux moyens:

    a) Le plus souvent c'est un renvoi à la date de publication.

        Exemple: Les règles de pratique de la Commission de revision créée en vertu de l'a. 30 de la *Loi de la protection du malade mental*, L.Q. 1972, c. 44 entrent en vigueur à la date de publication dans la *Gazette officielle du Québec* ou à toute autre date qui y est fixée. (a. 42)

    b) Il peut arriver aussi que la loi habilitante renvoie à une proclamation. Cette hypothèse est rare mais possible. Il s'agit alors de retracer cette proclamation d'entrée en vigueur du règlement dans la *Gazette*, comme on le ferait dans le cas d'une loi.

3. Ni le règlement, ni la loi ne mentionnent la date d'entrée en vigueur ou le moyen de la déterminer.

    a) Au Québec: Il n'y a aucune règle certaine à ce sujet; ce serait la date de l'acte (i.e. de son *approbation*), qu'il soit publié ou non. Si la publication est obligatoire, cependant, il serait raisonnable de soutenir qu'il n'a pas été en vigueur avant la date de sa publication; mais cette opinion n'a aucun fondement juridique.

    b) Au fédéral: Le paragraphe 6(2) de la *Loi d'interprétation*, S.R.C. 1970, c. I-23 [tel que remplacé par S.R.C. 1970 c. 29 (2e Supp.)] prévoit que le règlement entre en vigueur à minuit, la veille du jour où il a été enregistré, s'il doit être enregistré, ou du jour où il a été établi, s'il est soustrait à l'enregistrement. Voir aussi la *Loi sur les textes réglementaires*, S.C. 1970-71-72, c. 38 a. 9. Bien noter que la date de *publication*, dans ce cas, n'est d'aucune utilité pour déterminer la date d'entrée en vigueur.

    Résumé: La date d'entrée en vigueur d'un règlement *fédéral*, au cas de silence du règlement lui-même ou de la loi habilitante, s'il est:
    - enregistré et publié: date de l'enregistrement
    - enregistré et non publié: date de l'enregistrement
    - non enregistré et publié: date où il est établi
    - non enregistré et non publié: date où il est établi.

B- Aspect matériel [contenu]

Vérifier si le règlement est en vigueur *tel que trouvé*.

On chercherait en vain, et on peut le déplorer, un tableau des abrogations et amendements analogue à celui qui existe pour les lois.

1. Abrogation ou amendement par voie directe, i.e. par un autre règlement (ou, très rarement, par une loi) en vertu de la même loi habilitante

   a) Au Québec: Il n'y a, malheureusement, aucune méthode certaine ou exhaustive.

   On peut prendre le texte le plus récent de la codification des *Règlements d'application des lois* et, à partir de cette date, l'*Index cumulatif des textes réglementaires* le plus récent et, *en plus*, tous les numéros subséquents non encore indexés de la *Gazette officielle du Québec, Partie II*.

   On peut aussi examiner les index de la *Gazette officielle du Québec*, à partir de notre texte jusqu'à aujourd'hui.

   Rappel: jusqu'en 1972 la G.O. contenait deux index par année, non cumulatifs.

   A noter qu'il n'y a pas, dans la G.O. II, de regroupement systématique des règlements édictés en vertu d'une loi, sous le titre de la loi; dans l'*Index*, il faut chercher les titres de règlement. Ceci crée une difficulté lorsque le règlement modifiant n'a pas le même titre que le règlement modifié. Noter également qu'il n'y a pas d'index cumulatif pour plusieurs années: il faut voir chaque année.

   Exemple-Exercice: Retrouver tous les amendements apportés aux *Règlements généraux sur l'aide sociale*, A.C. 3491 du 17.9.70, (1970) 102 G.O. 6329.

   b) Au fédéral: On prend le plus récent *Index codifié des textes réglementaires*, au tableau II. On aura la liste de tous les règlements amendant un autre règlement, regroupés par lois habilitantes. Compléter avec *tous* les numéros de la *Gazette du Canada, Partie II* non encore indexés.

Alternativement, on peut consulter le numéro le plus récent de *Canadian Current Law* [C.C.L.] dont l'index cumulatif donne par sujets (il faut connaître le mot-clé anglais) les règlements adoptés *au cours de l'année seulement*. Très utile en attendant l'index codifié trimestriel. Tous les renvois à C.C.L. sont en ordre séquentiel de paragraphes pour l'année.

Quaere: Un règlement peut-il être abrogé par un autre règlement édicté en vertu d'une *autre* loi habilitante?

Semble: La chose est possible, explicitement ou implicitement, à la condition d'être en présence de règlements valides (voir *infra*, [M 9]), édictés en vertu de lois valides (*supra* [M 5]). De plus, au cas d'abrogation implicite, ils doivent évidemment porter sur le *même sujet*, sans quoi, on ne peut parler de conflit.

2. Abrogation ou amendement par voie indirecte. Plusieurs possibilités peuvent se rencontrer.

   a) La loi habilitante est *abrogée*.

   Les règlements sont alors automatiquement abrogés: l'article 12 de la *Loi d'interprétation*, S.R.Q. 1964, c. 1, ne mentionne pas, en effet, que les règlements sont maintenus comme s'ils étaient un droit acquis: ils disparaissent donc.

   Voir à ce sujet L.-P. PIGEON, *Rédaction et interprétation des lois*, Québec, 1965, p. 52.

   La situation serait la même au fédéral, si l'on suit le même raisonnement. L'article 35 de la *Loi d'interprétation*, S.R.C. 1970, c. I-23, ne mentionne pas le cas des règlements qui "survivraient" à l'abrogation.

   b) La loi habilitante est *remplacée*.

   La plupart du temps les mesures transitoires de la nouvelle loi prévoient le maintien des règlements faits sous l'ancienne loi. On ne peut donc parler, ici, d'abrogation ni d'amendement.

   (S'il n'y a pas de mesures transitoires, on pourra se demander s'il y a abrogation implicite des règlements).

Exemple: L'article 167 de la *Loi des transports*, L.Q. 1972,
c. 55 décrète que "Les ordonnances adoptées et les
décisions prises par la Régie des transports en vertu de la Loi de la Régie des transports *continuent*
d'être en vigueur jusqu'à ce qu'elles soient abrogées, remplacées ou modifiées par règlement du
lieutenant-gouverneur en conseil ou par décision
de la Commission selon la compétence qui leur est
attribuée par la présente loi".

Au fédéral, on a prévu la chose de façon générale. L'alinéa 36 g) de la *Loi d'interprétation*, S.R.C. 1970, c. I-23,
indique, en effet, que les règlements restent en vigueur
comme s'ils avaient été établis d'après le nouveau texte,
dans le cas de remplacement.

Attention: A cet alinéa le législateur emploie l'expression
"abrogation et remplacement" mais il est clair
qu'il ne s'agit pas de l'abrogation pure et simple, laquelle ne pardonne pas.

c) La loi habilitante est *modifiée.*

Ceci n'exerce normalement pas d'influence sur les règlements
sauf, bien sûr, si on retranche un pouvoir de réglementation.
L'effet de l'abrogation concerne alors la partie retranchée.

d) Une *nouvelle* loi habilitante est adoptée

Le pouvoir de réglementation qu'elle contient, exprime la
volonté la plus récente du parlement. Les règlements édictés
sous l'empire de cette nouvelle loi l'emporteront donc sur
la réglementation existante, sans qu'il soit nécessaire d'en
prévoir explicitement l'abrogation ou la modification.

e) Au fédéral, en plus, tenir compte de la possibilité d'abrogation par une simple résolution du Parlement lorsque la loi
habilitée contient une "clause de réserve". Voir, en ce
sens, les définitions ajoutées à la *Loi d'Interprétation*,
S.R.C. 1970, c. I-23 par le paragraphe 28(3) de la *Loi sur les
textes réglementaires*, S.C. 1970-71-72, c. 38.

V- [VERIFICATION]   VERIFIER SI UN REGLEMENT EST EN VIGUEUR

    * signifie PEREMPTOIRE

    AI-JE VERIFIE SI....   [✓]

    - le règlement est en vigueur quant au TEMPS:

            - il indique une DATE DETERMINEE?......................[ ]
     *   - il renvoie à la date de PUBLICATION?.................[ ]
            - la loi habilitante renvoie à la PUBLICATION?.........[ ]
            - la loi habilitante renvoie à une PROCLAMATION?.......[ ]
            - il n'y a AUCUNE MENTION?.............................[ ]

    - le règlement est en vigueur quant au CONTENU:

     * Q - j'ai consulté la CODIFICATION et l'INDEX CUMULATIF?..[ ]
     * F - j'ai consulté l'INDEX CODIFIE?.......................[ ]
     * Q - j'ai consulté la GAZETTE OFFICIELLE DU QUEBEC?.......[ ]
     * F - j'ai consulté la GAZETTE DU CANADA?..................[ ]
            - la LOI habilitante est ABROGEE?......................[ ]
            - la LOI habilitante est REMPLACEE?....................[ ]
            - la LOI habilitante est MODIFIEE?.....................[ ]
     *   - il y a une NOUVELLE LOI habilitante?..............[ ]
       F - il y a une RESOLUTION du Parlement?..................[ ]

VERIFIER L'APPLICATION D'UN REGLEMENT

I- *PLAN*

A- Quant au CONTENU

1. Bien lire le règlement
2. Loi habilitante
3. Loi d'interprétation
4. Renvoi à la jurisprudence
5. Doctrine

B- Quant à l'ESPACE

1. Loi habilitante
2. Conflit
3. Particularisation
4. Réglementation générale

C- Quant au TEMPS

1. Loi habilitante
2. Rétroactivité et application immédiate
3. Non-rétroactivité
4. Continuité

II- *JUSTIFICATION*

(même argumentation que pour la loi, *supra* [M 4]).

Cette étape est nécessaire à trois points de vue.

1. Le processus -fondamental- d'interprétation permet de déterminer
si on est dans les cas prévus par le règlement [application du
CONTENU].

2. L'examen de la portée territoriale du règlement s'impose, vu la
coexistence, sur le territoire canadien, de plusieurs niveaux de
réglementation, ET AUSSI à cause de la division administrative du
territoire [application dans l'ESPACE].

3. La possibilité d'application successive de plusieurs normes, nous
oblige à examiner le problème du droit transitoire [application
dans le TEMPS].

III- *REMARQUES PRELIMINAIRES*

(mêmes que pour la loi, *supra* [M 4]).

1. On ne donnera ici que des considérations générales, vu que cette étape fait l'objet d'un enseignement spécialisé à la Faculté de droit.

2. La similitude de la démarche permet de traiter ensemble des règlements québécois et fédéraux en ne signalant que les principales différences, le cas échéant.

3. Le premier principe d'interprétation: l'*autarcie*. On doit chercher d'abord dans le règlement lui-même, toute l'information qu'il peut donner sur l'étendue de son application [CONTENU, ESPACE, TEMPS].

4. Il y a deux informations que l'on doit examiner EN PRIORITE (dans les cas où le règlement les donne):
   (i)   les *définitions* contenues dans le texte
   (ii) les dispositions diverses,transitoires et finales.

5. La similitude de texte n'implique pas la similitude d'interprétation.

IV- *DEMARCHE PROPREMENT DITE*

A- Application du CONTENU

1. *Bien lire* le règlement pour en dégager ce qu'on pourrait appeler le "profil cybernétique".

   On extrait du règlement ⌈- les définitions
                           │- les mots-clés
                           │- les dispositions diverses, transi-
                           ⌊ toires et finales,
   que l'on écrit sur une colonne, en regard des faits auxquels on voudrait appliquer le règlement.

   Exemple: Pour que le *Règlement 5 sur le système de points*, A.C. 3128-72 du 25 octobre 1972, (1972) 104 G.O. II 10132, s'applique, il faut la réunion des éléments suivants:
   - condamnation [a. 5.1]
   - infraction prévue [a. 5.2]
   - aucune autre interdiction [a. 5.2]

On voit donc, par le profil dégagé, que le règlement ne s'applique pas:
- si un jugement suspend le permis de conduire,
- si l'infraction reprochée n'est pas énumérée dans la
liste.

2. Voir les définitions de la loi habilitante, s'il en est; elles
peuvent être utilisées selon deux approches:

- la *loi* prévoit qu'un règlement édicté sous son empire
s'interprète selon les définitions qu'elle contient

- le *règlement* prévoit que les définitions qu'il contient
ont le même sens que dans la loi habilitante.

S'il n'y a aucun renvoi, ni dans un sens ni dans l'autre:

a) Au Québec: il n'y a pas de règle certaine à ce sujet, mais
l'usage et le bon sens permettent d'utiliser
les mêmes définitions.

b) Au fédéral: on applique automatiquement au règlement les
définitions contenues dans la loi, vu l'article
15 de la *Loi d'interprétation*, S.R.C. 1970, c.
I-23.

3. Se référer à la législation générale sur l'interprétation.

a) *Au Québec*: l'usage et le bon sens permettent d'utiliser
les règles prévues à la *Loi d'interprétation*,
S.R.Q. 1964, c. 1 aa. 38-61. [Les rédacteurs
toutefois n'en tiennent pas toujours compte et
ceci pose de nombreuses difficultés].

b) *Au fédéral*: on applique la *Loi d'interprétation*, S.R.C. 1970,
c. I-23 [vu l'article 3 (1) et la définition
de "textes législatifs" à l'article 2].

4. Si le cas a déjà été soumis aux tribunaux, voir dans quel sens
ils se sont prononcés.
RENVOI [M 10].

5. La doctrine classique (Craies, Maxwell, etc.).

B- Application dans l'ESPACE

On n'examinera pas ici la possibilité occasionnelle d'application
extra-territoriale d'un règlement québécois et canadien.

1. A moins d'indication contraire, le champ territorial d'application du règlement est le même que celui de la loi habilitante,

(voir *supra* [M 4] IV, B.) i.e. toute l'étendue du territoire d'une juridiction.

2. Le problème du conflit entre deux règlements, l'un québécois, l'autre canadien, susceptibles d'application sur une même partie du territoire québécois relève du droit constitutionnel et se règle par l'examen de la validité des lois habilitantes respectives. (*supra* [M 5]).

3. La législation déléguée étant plus particularisée que la législation originaire, bien examiner le champ d'application précis, *même* à l'intérieur d'un territoire donné.

   Exemples: les ordonnances de la Commission du salaire minimum, les classements de sites historiques, les limites de réserves de chasse et pêche, etc.

4. Au Québec, la réglementation générale sur la division administrative du territoire est le *Règlement relatif à la division administrative*, A.C. 524 du 29 mars 1966 et 3472 du 17 septembre 1970, non-publiés (sauf *in* R.A.L.) et *qui ne semblent pas s'appuyer sur aucune loi habilitante*.

C- Application dans le TEMPS

1. Comme une loi, un règlement demeure perpétuellement en vigueur, sauf caducité ou abrogation et tant que dure la loi habilitante.

2. Distinguer la rétroactivité pure et simple de l'application immédiate dans le temps. Lorsqu'un règlement entre en vigueur, il est inévitable qu'il affecte les choses en existence et CECI N'EST PAS DE LA RETROACTIVITE.

   Voir le raisonnement explicité pour la loi, *supra* [M 4].

3. Il est entendu qu'un règlement ne peut, de lui-même, se donner une portée rétroactive. On est très strict sur ce point à cause de la gravité de cette façon de faire et compte tenu du peu de publicité qui entoure les règlements.

4. Chercher la *continuité* avec le règlement antérieur, le cas échéant. On doit voir en quoi (contenu) et par quoi (forme) la nouvelle réglementation se rattache à l'ancienne.

V- [*VERIFICATION*]   L'APPLICATION D'UN REGLEMENT

   * signifie PEREMPTOIRE

   AI-JE VERIFIE SI....   [✓

   * - j'ai bien LU le règlement?..................................[ ]

   * - j'ai extrait les DEFINITIONS?...............................[ ]

   * - j'ai examiné les DISPOSITIONS TRANSITOIRES?.................[ ]

   * - j'ai examiné la LOI HABILITANTE?............................[ ]

      - je me suis référé à la LOI D'INTERPRETATION?................[ ]

      - j'ai cherché la JURISPRUDENCE [M 10]?.......................[ ]

      - j'ai consulté la DOCTRINE classique?........................[ ]

      - j'ai tenu compte de l'assiette TERRITORIALE?................[ ]

      - je n'ai pas oublié que le règlement PARLE TOUJOURS?.........[ ]

   * - j'ai distingué rétroactivité d'IMMEDIATETE?.................[ ]

      - j'ai vu la CONTINUITE avec le droit antérieur?..............[ ]

VERIFIER LA VALIDITE D'UN REGLEMENT

I- *PLAN*

1. La loi habilitante n'autorise aucun règlement

   a) Principe
   b) Atténuation du principe
      (i)   Le pouvoir ancillaire
      (ii) La prérogative royale

2. La loi habilitante autorise un règlement

   a) Il y a sous-délégation
   b) Le règlement est *ultra-vires*
   c) Attribution résiduaire

3. Doctrine

II- *JUSTIFICATION*

Le règlement est une législation subordonnée. Il doit donc respecter
la norme qui lui permet d'exister; en d'autres termes, il demeure con-
finé à l'intérieur des limites permises par la loi habilitante. Dans
le cas contraire, il est illégal. Il faut pouvoir s'assurer de la "so-
lidité" du texte sous examen.

III- *REMARQUES PRELIMINAIRES*

1. On ne s'occupera pas du cas de l'invalidité technique d'un règlement
   pour défaut d'une condition essentielle (s'il manque l'approbation
   du lieutenant-gouverneur en conseil, par exemple). Il s'agirait plutôt, dans ce cas, d'inexistence *stricto sensu* que d'invalidité.

2. La constitutionnalité d'un règlement, au sens du partage des compétences législatives, suit exactement le sort de la loi habilitante.
   Voir *supra*, [M 5]. Elle ne fait donc pas l'objet d'une étude dans
   la présente étape.

3. Les mêmes principes s'appliquent aux règlements québécois et fédéraux.

4. Un règlement bénéficie d'une présomption de validité.
   Voir *L'Abbée* v. *Ville de Montréal*, [1968] B.R. 419, 421 (Le juge
   Brossard).
   Ne pas conclure trop tôt à l'invalidité.

IV- *DEMARCHE PROPREMENT DITE*

Prenant pour acquis que la loi habilitante est valide (ce qu'on prendra, toutefois, le soin de vérifier, à titre préjudiciel), il reste à examiner plusieurs hypothèses.

1. La loi habilitante n'autorise l'adoption d'aucun règlement.

   a) Principe

      On arrive au même résultat que s'il n'y avait pas de loi habilitante: le règlement ne peut tenir.

      Selon l'économie de la *Rule of law*, base de notre système juridique, il ne peut y avoir de règlementation valide sans une loi habilitante.

   b) En atténuation de ce rigoureux principe, considérons les cas suivants:

      (i) La règle selon laquelle le pouvoir de faire une chose comporte tous les pouvoirs nécessaires à cette fin, *Loi d'interprétation*, S.R.Q. 1964, c. 1 a. 57 et, au fédéral, S.R.C. 1970, c. I-23 a. 26 (2) permet une certaine latitude. Il faut croire, cependant, que ceci ne vaut que pour une règlementation administrative interne.

      (ii) La prérogative royale, pourrait fonder une législation réglementaire dans des domaines non encore occupés par le droit statutaire. Cette hypothèse n'est, pour ainsi dire, jamais envisagée mais demeure plausible.

2. La loi habilitante autorise l'adoption d'un règlement, MAIS:

   a) L'autorité réglementante, plutôt que d'édicter des normes, s'en remet à une autre autorité pour le faire. Ceci constitue une sous-délégation de pouvoir, entièrement illégale, en l'absence d'une disposition expresse de la loi qui l'autoriserait. On parle de *sous*-délégation ou *re*-délégation parce qu'il ne faut pas oublier que le Parlement a déjà délégué une fois son pouvoir de légiférer. Cette prohibition s'exprime souvent par un brocard: *delegatus non potest delegare*.

      Exemple: L'a. 77 al. a) de la *Loi de la conservation de la faune*, L.Q. 1969, c. 58 permet au lieutenant-gouverneur en conseil d'adopter un règlement pour "fixer des catégories de permis et déterminer les conditions que doivent remplir les requérants." Ce pouvoir a été exercé par le *Règlement concernant les permis de pêche*, A.C. 901 du

70

10 mars 1971, (1971) 103 G.O. 2666.
L'a. 7 de ce règlement autorise le ministre du touris-
me, de la chasse et de la pêche à fixer les conditions
d'émission de certains permis de pêche à la ligne.

Ceci constitue, à notre avis, une sous-délégation *illégale*,
parce que la loi autorisait le lieutenant-gouverneur en conseil
et non un seul ministre à établir ces conditions.

b) L'autorité réglementante dépasse le cadre défini par la loi. On
dit alors que le règlement est *ultra vires*. Lorsqu'on réglemen-
te une catégorie de choses, on ne peut faire des distinctions ou
exceptions, à l'intérieur de ces catégories, sans une autorisation
expresse de la loi. En d'autres termes, il ne peut y avoir de
discrimination.

Exemple: La *Loi des heures d'affaires des établissements commer-
ciaux*, L.Q. 1969, c. 60, a. 5, al. 6, permet au lieutenant-gouverneur en conseil de déclarer "touristiques"
certains endroits du territoire pour les soustraire de
l'application de la loi. Ceci ne permet pas de faire
des exceptions à l'intérieur de la zone touristique,
pour un groupe d'établissements. Si la zone est décla-
rée touristique, ceci s'appliquera à tous les établissements soumis à la loi.

c) L'autorité réglementante a le pouvoir d'adopter "tous les règlements nécessaires à l'application de la loi" ou "tous les règlements qu'elle juge à propos" etc. (la formulation varie); il
s'agit d'une attribution résiduaire.

Si tant est qu'elle soit valide, cette disposition ne peut fonder
un pouvoir de réglementation originaire, i.e. non attribué par
ailleurs. On pourrait même prétendre (en ordre décroissant d'importance) qu'un tel pouvoir:

(i) Ne peut fonder qu'un pouvoir de réglementation d'une catégorie analogue aux pouvoirs déjà énumérés, en vertu de la
règle *ejusdem generis*.

(ii) Ne peut fonder qu'un pouvoir ancillaire aux pouvoirs énumérés et absolument nécessaire à leur mise en application.

(iii) Ne peut fonder qu'une directive administrative ou une
pratique, sans effet obligatoire.

3. *Note*: On pourra se référer, pour expliciter les éléments mentionnés ici, entre autres à:

E.A. DRIEDGER, "Subordinate Legislation", (1960) 38 *R. du B. Can.* 1.

R.F. REID, *Administrative Law and Practice*, Toronto, Butterworths, 1971, aux pp. 255-273.

[M 9]

V- [VERIFICATION]   LA VALIDITE D'UN REGLEMENT

* signifie PEREMPTOIRE

AI-JE VERIFIE SI....   [✓

- la LOI HABILITANTE est valide [M 5]?.......................[ ]

* - la LOI autorise l'adoption d'un règlement?.................[ ]

* - il y a SOUS-DELEGATION de pouvoir?........................[ ]

- le règlement est ULTRA VIRES?.............................[ ]

- il y a une attribution RESIDUAIRE?........................[ ]

- j'ai tenu compte de la PRESOMPTION de VALIDITE?.............[ ]

TROUVER DE LA JURISPRUDENCE

I- *PLAN*

A- Connaissant la loi

   1. Au Québec

      a) *Annuaire de Jurisprudence*
      b) Jusqu'en 1938, *idem* et supplément A du *Canadian Abridgment*
      c) *Quebec Statute and Case Citator*

   2. Au fédéral

      a) *Statutes of Canada judicially considered*
         ordre de consultation
      b) *Canada Statute Citator*
         avant 1952
      c) *Annuaire de Jurisprudence*
      d) *Federal Court of Canada Service*
      e) Cour suprême, Cour fédérale

   3. En droit constitutionnel

      a) *Canadian Abridgment*
      b) OLMSTED
      c) *Tremears's Canada Statute Citations*

   4. Fascicules courants

B- Connaissant le mot-clé

   1. Au Québec

      a) *Annuaire de Jurisprudence*
      b) Codifications antérieures
      c) *Supreme Court of Canada Reports Service*

   2. Au fédéral

      a) *Canadian Abridgment* (2nd)
      b) *Cumulative Supplement*
      c) *Canadian Current Law*
      d) *Supreme Court of Canada Reports Service*

   3. Fascicules courants

C- Mots et expressions définis par les tribunaux

   1. Contexte canadien

      a) Le *Words and Phrases judicially noticed*
      b) L' *Encyclopedia of Words and Phrases Legal Maxims*

2. Contexte anglais

   a) *Stroud's Judicial Dictionary*
   b) *Words and Phrases judicially defined*
   c) *Halsbury's, General Index*

D- Utilité et applicabilité du droit anglais

   1. *Halsbury's*

     a) *Halsbury's Laws of England*, 3e éd.
     b) *Canadian Converter*
     c) *Cumulative Supplement*
     d) *Canadian Converter* du *Supplement*
     e) *Current Service*
       résumé

   2. *English and Empire Digest*

E- Problèmes divers

   1. Référence imprécise
   2. Il manque un élément de la référence
   3. La référence parallèle
   4. Jurisprudence non rapportée

     (i)   Cour suprême
     (ii) Cour fédérale
     (iii) Cour d'appel (Q)
     (iv) Cour supérieure (Q)

II- *JUSTIFICATION*

Cette étape est indispensable, sauf dans de très rares cas, pour connaître l'interprétation qu'a reçue un texte. Il se peut, en effet, que les
tribunaux aient plus ou moins élargi ou rétréci le champ d'application
d'une disposition législative. Puisque le texte, examiné *in abstracto*
est susceptible de plusieurs interprétations, il faut s'assurer de celle
qui est retenue par le tribunal.

III- *REMARQUES PRELIMINAIRES*

1. Eviter de prendre pour acquis que l'on réfère au droit français pour
interpréter le *Code civil* et au droit anglais pour interpréter les
lois statutaires. Dans les deux cas et pour des raisons différentes,

cette solution ne satisfait pas.

Ne pas confondre:

Common law et droit anglais

Common law et droit commun québécois

Common law et droit privé anglais

Common law et droit public

Common law et droit statutaire

Droit fédéral et *common law*

Droit fédéral et droit public

Droit québécois et droit privé

Droit québécois et droit statutaire

etc.

Toutes ces notions se recoupent en quelque point et ne sont pas nécessairement exclusives les unes des autres.
[aspect FRANCAIS-ANGLAIS]

2. Eviter de traiter une question selon une approche de droit public ou
de droit privé uniquement. Il peut y avoir facilement interpénétra-
tion des deux domaines, ce qui oblige à un examen global.

Exemple: Je fais une recherche sur la responsabilité d'un institu-
teur d'école primaire. C'est, au départ, une question de
droit privé. Je "verserai", cependant, sans tarder dans
le droit public, lorsque j'examinerai le statut, le rôle
et la capacité juridiques de la corporation scolaire locale
et du ministère de l'éducation.
[aspect PUBLIC-PRIVE]

3. Pour les seules fins de l'exposé, on fera, à l'occasion, une distinction (discutable) entre jurisprudence québécoise et fédérale. Ainsi,
la jurisprudence:

A- québécoise: comprendra les décisions rendues en matières québécoises [i.e. le droit privé, et, généralement, les
matières de compétence législative du Québec].

B- fédérale: comprendra les décisions rendues en matières fédérales [i.e., généralement, les matières de compétence législative fédérale] et EN PLUS,

(i) la jurisprudence fédérale (constitutionnelle)
(ii) la jurisprudence en droit public, rendue dans
les autres provinces et applicable au Québec.

[M 10]

C'est assez dire qu'il ne sera pas question de retracer la jurisprudence selon l'ordre judiciaire canadien i.e. en regroupant les décisions par tribunaux.
[aspect QUEBEC-FEDERAL]

4. Attention à l'utilisation exclusive prématurée d'une tendance jurisprudentielle. Au stade de la recherche, il convient de ramasser tout
   ce qu'on peut trouver sur le sujet, même si cela n'est pas favorable
   à notre position. Le succès final, souvent, dépend de l'ouverture
   manifestée lors de la collecte des données.

5. Ne pas oublier que la jurisprudence est une source complémentaire de
   droit et qu'elle ne l'emporte jamais sur un texte de loi clair.

6. On ne traitera pas ici de la jurisprudence dite administrative i.e.
   l'ensemble des décisions de nature judiciaire ou quasi-judiciaire
   rendues par des organismes publics ou para-publics.

7. On ne traitera pas, non plus, des possibilités de recherches automa-
   tisées de jurisprudence parce qu'à l'heure actuelle, les banques de
   jurisprudence constituées au Québec ne donnent que la jurisprudence
   émanant d'affaires québécoises et non pas la jurisprudence *susceptible* de s'appliquer au Québec.

IV- *DEMARCHE PROPREMENT DITE*

A- Connaissant la loi sous laquelle la décision est rendue

   1. Au Québec

      a) Prendre, à la fin de l'*Annuaire de jurisprudence du Québec*,
         la *Table des lois*; on y trouve une référence à la jurispru-
         dence décidée sous les lois, classées par ordre alphabétique
         de titres. Remarquer la référence à l'article précis de la
         loi.

         Exemple: Je cherche une décision sous l'a. 78 de la *Loi des
                    compagnies*, S.R.Q. 1964, c. 271 (paiement de dividen-
                    des en actions). La *Table des lois* de l'*Annuaire*
                    de 1972 donne un renvoi sous le mot "Compagnies",
                    art. 78 à [1972] C.A. 342; je me rends directement
                    au recueil de jurisprudence: *Trust général du Ca-
                    nada* v. *Maillet*, [1972] C.A. 342.

77

b) On aura sans doute déploré l'absence de document cumulatif en ce domaine. Pour compléter la démarche entreprise, il faut consulter *chaque volume annuel* de l'*Annuaire* et remonter jusqu'à 1938 (date à laquelle la publication de la *table des lois* a commencé). Il faut connaître le numéro de chapître dans les statuts car on ne donne pas toujours le titre de la loi.

Alternativement, le supplément A du *Canadian Abridgment* (1ère édition) donne une table cumulative des arrêts cités de 1936 à 1965 (en deux temps: 1936-1955; 1956-1965).

c) Avant 1938, voir le *Quebec Statute and Case Citator*, qui donne la jurisprudence, par lois, depuis les S.R.Q. 1925, jusqu'en 1937.

Avant 1925, il faut procéder par sujets (par mots-clés), comme on le verra au paragraphe B, *infra*.

Note: Pour le *Code civil*, la démarche est la même. Voir aussi, *infra*, [M 16].

2. Au fédéral

a) On travaille avec les *Statutes of Canada judicially considered* du *Canadian Abridgment* (1ère édition). Les lois sont classées alphabétiquement, et, sous chaque loi, on retrouve la mention de l'article précis dont il s'agit.

On consulte:

(i)   le volume de base: 1856-1953
(ii) le supplément 1954-1958
(iii) le supplément B (feuilles mobiles) 1958-1964.

Malheureusement, l'éditeur n'a pas jugé bon de continuer la publication jusqu'aujourd'hui. L'ouvrage demeure cependant utile pour rassembler plus de cent ans de jurisprudence.

b) On peut utiliser le *Canada Statute Citator* dont le classement suit, aussi, l'ordre alphabétique des titres de loi.

Exemple: Je cherche la jurisprudence décidée sous la *Déclaration canadienne des droits*, S.R.C. 1970, Appendice III. Je trouverai sous *Canadian Bill of Rights*, la jurisprudence classée par articles et sous-articles.

On consulte:

(i) l'édition des S.R.C. 1970
(ii) l'édition des S.R.C. 1952

Pour savoir si la page du *Statute Citator* qu'on examine est
à jour voir la référence au calendrier au coin inférieur
droit de chaque page de droite. Puis noter la page au coin
supérieur droit de chaque page et se référer au *Contents Check
list*, sise au début du volume. On pourra ainsi savoir qu'il
n'y a pas eu de nouvelles causes depuis cette date.

Attention: Il doit y avoir une page de vérification ("check
list") environ tous les trois mois. Dans tous
les cas, il faut évidemment compléter en examinant chaque fascicule de jurisprudence postérieur
à la date de publication du *Citator*.

Avant 1952: on peut se contenter du *Canadian Abridgment*, pré-
cité, ou consulter le *Canada Statute and Criminal Code Citator
1951*, celui de 1941 ET *Tremears' Canada Statute Citations*
(couvrant de 1906 à 1927).

c) Alternativement, on pourrait consulter l'*Annuaire de jurisprudence du Québec* dont la *Table des lois* donne la jurisprudence sous les lois fédérales. Vu la nécessité, cependant, de
consulter chaque table annuelle, on ne se servira de cet instrument qu'à défaut d'autres plus adéquats.

d) Pour la Cour fédérale et sa juridiction, il existe un instru-
ment-clé, le *Federal Court of Canada Service*, à la fois annuaire de jurisprudence et manuel de pratique. Il contient
la loi, les règles de pratique, la jurisprudence décidée sous
la loi et les règles, de même que celle décidée par l'ancienne Cour de l'Echiquier qui s'applique encore.

Vu l'importance grandissante et la complexité de cette cour,
on serait bien avisé de se référer à ce "Mignault" de la procédure statutaire fédérale.

e) Enfin, les recueils de jurisprudence de la Cour suprême et de
la Cour fédérale donnent, habituellement, à la fin de chaque
année une table des lois et règlements cités dans les arrêts
décidés par ces deux cours.

avantage: La table de la Cour fédérale mentionne les
arrêts non rapportés.

inconvénients: - Ces tables ne couvrent que les arrêts rendus par ces deux cours
- La publication tardive.

3. En droit constitutionnel

   a) Le chapître "Constitutional Law" du *Canadian Abridgment* (2e édition) contient un relevé des arrêts du droit constitutionnel et, plus particulièrement, il "distribue" la jurisprudence selon l'ordre des titres énumérés aux articles 91 et 92 du *B.N.A. Act, 1867*, 30-31 Vict. c. 3 (R.-U.).

   b) Voir le recueil d'OLMSTED, *Decisions of the Judicial Committee of the Privy Council relating to the British North America Act, 1867 and the Canadian Constitution 1867-1954*. C'est un classique qui regroupe, en trois volumes, les grands arrêts du droit constitutionnel canadien rendus par le Comité judiciaire du Conseil Privé.

   c) Le *Tremear's Canada Statute Citations* indique les principaux arrêts rendus sous les articles du *B.N.A. Act, 1867*, entre 1867 et 1927.

4. Note finale: Que l'on ait ou non trouvé quelque chose, consulter *tous* les fascicules de jurisprudence de l'année courante, pour connaître l'état du droit aujourd'hui. Ne pas oublier de consulter les recueils de toutes les cours (R.C.S., C.F., C.A., C.S., etc.).

B- Connaissant le mot-clé du sujet à examiner

1. Au Québec

   a) Prendre le numéro le plus récent de l'*Annuaire de jurisprudence du Québec* et chercher le mot-clé qui nous intéresse. L'*Annuaire* est ordonné alphabétiquement par sujets. Remonter dans le temps avec les numéros antérieurs.

      Exemple: Je veux savoir si, au cas de saisie-arrêt en mains tierces, il peut y avoir compensation pour les sommes dues entre le tiers-saisi et le défendeur saisi. Je cherche dans les *Annuaire* et trouve, en 1968, au mot "saisie", un résumé de l'arrêt *Bank of Nova Scotia* v. *Ravick et Great West Life Assurance Co.*, [1968] C.S. 42.

      Si j'avais cherché au mot "compensation", on m'aurait renvoyé à "saisie".

   b) Vu qu'il s'agit de l'unique source de documentation jurisprudentielle québécoise, il serait opportun d'en avoir en tête la continuité.

(i)   Le corps principal de l'ouvrage, c'est le *Répertoire général de jurisprudence canadienne* [Beauchamp] de 1770 à 1913 (4 vols), complété par:

(ii)   un *Supplément* [Saint-Cyr] de 1913 à 1925, (2 vols), complété par:

(iii)   un autre *Supplément* [Tellier] de 1926 à 1935, (2 vols), complété par:

(iv)   un autre *Supplément* [Lévêque] de 1935 à 1955, (2 vols), complété par:

(v)   l'*Annuaire de Jurisprudence du Québec* [Barreau du Québec] de 1956 à aujourd'hui, annuel, non refondu.

Une recherche complète oblige donc à parcourir *chacun* de ces cinq groupes d'instruments qui sont, en fait, les éléments d'une même publication. Dans tous ces ouvrages, l'arrangement suit l'ordre alphabétique des sujets.

c) On peut consulter, d'autre part, le *Supreme Court of Canada Reports Service* qui contient une référence à toutes les causes de la Cour suprême, par sujets. L'inconvénient de cette publication, cependant, vient de ce qu'elle ne donne aucune jurisprudence de la Cour d'appel ou de la Cour supérieure.

2. Au fédéral

a) Prendre le *Canadian Abridgment* (seconde édition) et chercher au mot-clé qui nous intéresse. L'*Abridgment* est ordonné, lui aussi, selon l'ordre alphabétique des sujets.

Un sujet important comporte habituellement un plan d'ensemble au début du sujet et, parfois, un index, à la fin du volume. Toujours se référer à la loi elle-même pour connaître l'équivalent anglais d'un terme juridique.

Exemple: Je cherche la jurisprudence relative à l'ivressomètre [*Code criminel*, S.R.C. 1970, c. C-34, a. 235 et ss.]. Je consulte l'index des volumes *Criminal Law*, 11 Can. Abr. (2nd) aux mots "motor vehicules" où je trouverai, en sous-rubriques, un renvoi à "blood test" et "breathalyser tests". Les chiffres renvoient aux paragraphes. Dans ce cas, c'est au volume 9 Can. Abr. (2nd) que se trouve la réponse.

Il est encore plus facile de suivre simplement le plan dé-
taillé expliqué au début du sujet étudié et de retrouver
dans le texte, la référence.

Exemple: La documentation relative à la preuve par ivressomètre est située, d'après le plan, dans la Partie
VI, paragraphe 10, sous-paragraphe d), alinéa vi),
page 418. Je n'ai qu'à me rendre à cet endroit.

b) *IMPORTANT:* Il faut compléter cette 1ère étape, par le recours
à la documentation la plus récente; chaque volume
du Can. Abr. (2nd), en effet, s'arrête à une date
indiquée en 1ère page. Il faut ensuite consulter
le supplément: Can. Abr. (2nd) *Cumulative Supplement* qui prend la relève à partir de cette date.

Exemple: Le volume 9 Can. Abr. (2nd), que j'ai consulté, re-
lativement à l'ivressomètre, va jusqu'au 31 décembre
1966. Le *Cumulative Supplement* me donnera la suite jusqu'à nos jours.

Pour la retrouver dans le *Supplement,* il s'agit de savoir
quelle place occupait, dans le volume consulté, le sujet
cherché. Cette référence est donnée entre parenthèses dans
le supplément. Le Plan du Can. Abr. ne varie donc jamais.

Exemple: On a déjà situé l'ivressomètre dans le plan général: VI, 10, d) vi). Dans le *Supplement,* à *Criminal Law,* lorsque je trouverai entre parenthèses
la référence VI, 10, d) vi), commencera la liste
des causes nouvelles sur mon sujet.

c) Il y a plus encore! Le *Supplement,* lui-même, n'est mis à
jour qu'une fois l'an. (Voir la date limite de "couverture"
dans les premières pages).

Pour compléter à partir de cette date, on peut suivre une méthode très intéressante: l'utilisation du *Canadian Current
Law,* dont l'arrangement est identique à celui du Can. Abr.
(2nd). Il suffit de prendre l'index cumulatif du plus récent
numéro en date, au mot cherché (selon la méthode expliquée plus
haut), et on trouvera un renvoi aux paragraphes de la revue
qui en parlent. Ils sont tous numérotés consécutivement le
long de l'année. Pour plus de certitude on trouvera, entre
parenthèses, la référence au plan du Can. Abr. (2nd).

Exemple: Pour mettre à jour ma documentation sur l'ivressomètre je chercherai dans le *C.C.L.* le plus récent, sous "Criminal Law", "Motor vehicules",
"impaired driving", "breathalizer", je me repor-
terai aux différents numéros mentionnés et la
mention VI, 10, d) vi) m'indiquera que j'ai bien
procédé.

Note: Sur le *Canadian Abridgment:* Le lecteur aura remarqué
que la 2e édition du Can. Abr. est en voie de publication et ne couvre donc pas encore l'ensemble de la
matière. Si on cherche quelque chose que la 2e édition ne comprend pas, il faut se servir de la première
édition qui va des origines à 1935, ensuite d'un supplément cumulatif qui va de 1936 à 1955 et ensuite de
chaque volume annuel jusqu'à nos jours. C'est plus
long, mais c'est la seule méthode en attendant la parution complète de la 2e édition.

d) On peut consulter, d'autre part, le *Supreme Court of Canada Reports Service* qui contient une référence à toutes les
causes de la Cour suprême, par sujets. L'inconvénient de cette
publication, cependant, vient de ce qu'elle ne donne aucune
jurisprudence de la Cour fédérale, d'une cour d'appel ou
d'une cour supérieure.

3. *Rappel:* Que l'on ait ou non trouvé quelque chose, consulter
tous les fascicules de jurisprudence de l'année courante,
pour connaître l'état du droit. Ne pas oublier de consulter les recueils de toutes les cours (R.C.S., C.F.,
C.A., C.S., etc.).

C- Mots et expressions définis par les tribunaux

[La caractéristique de cette documentation justifie une section dis-
tincte. Il ne s'agit pas ici, en effet, de chercher la jurisprudence sur un sujet donné, mais de savoir comment les tribunaux ont *défini*
tel mot en particulier. Ne pas confondre avec un dictionnaire juridique pur et simple, qui définit toutes les notions juridiques en ne
tenant pas compte des tribunaux.]

1. Contexte canadien

a) Le *Words and Phrases judicially noticed* du *Canadian Abridgment,*
(1ère édition) va des premiers temps à 1951. Il a été complété par le *Supplement* A de 1952 à 1965 ET par le *Canadian Current
Law.* Dans le C.C.L. on prend, *chaque année,* la table cumulative du dernier numéro de l'année.

b) L'*Encyclopedia of Words and Phrases Legal Maxims* 1825 à 1962.
Très bon parce qu'il cite des extraits en plus.
Incomplet car on n'a pas prévu de supplément. On doit donc
se servir d'autres instruments pour retrouver la jurisprudence postérieure à 1962.

2. Contexte anglais

Vu la similitude, dans de nombreux domaines, entre les systèmes
canadiens et britanniques on n'hésitera pas à consulter les ouvrages suivants qui, d'ailleurs, citent de la jurisprudence canadienne, à l'occasion.

a) *Stroud's Judicial Dictionary*
b) *Words and Phrases judicially defined*
(Burrows)
c) le *General Index* du *Halsbury's Laws of England* 3e éd. Vol.
no 42 aux mots Words and Phrases
d) *Words and Phrases Legally defined*
(Butterworths)

Exemple-exercice: Chercher si un tribunal s'est déjà prononcé
sur le sens des expressions "entreprise mi-
nière" ou "port public".

D- Utilité et applicabilité du droit anglais

Lorsqu'on a épuisé les sources jurisprudentielles canadiennes il est
permis de jeter un coup d'oeil du côté du droit anglais, même si,
généralement, il ne s'applique plus en droit interne.

L'usage veut qu'on s'y réfère à titre *comparatif et persuasif;* à cause
de sa grande similitude avec le droit canadien, en certains domaines.
Mentionnons, à titre d'exemples: faillite, lettres de change, compagnies, droit constitutionnel, droit d'auteur, droit criminel, droit
administratif, divorce, preuve, droit maritime, interprétation statutaire, etc.

Règle générale, cette façon de faire est justifiée par le fait du
Quebec Act, 1774, 14 Geo. III, c. 83 (R.-U.), S.R.C. 1970 Appendice
II, qui, en réinstaurant le recours aux lois civiles françaises dans
le domaine de la propriété et du droit civil, maintenait le recours
au droit anglais pour tout le reste. On introduisait donc, non pas
seulement le droit anglais tel qu'il existait à cette époque [voir
à ce sujet l'arrêt *Langelier* v. *Giroux*, (1932) 52 B.R. 113, 116
(le juge Dorion)], mais aussi un *type* de droit applicable: la *common law.*

Il sera donc intéressant, le cas échéant, de pouvoir connaître l'état
du droit anglais sur un point précis. Pour cela, on utilise d'abord:

1. *Halsbury's Laws of England*

   C'est une encyclopédie complète du droit anglais, avec correspondance au droit canadien.

   Voyons-en l'ordre de consultation.

   a) Le corps principal, ce sont les 43 volumes de la 3e édition
      de *Halsbury's Laws of England*. (Une 4e édition a vu le jour
      en 1973, mais elle ne sera complète qu'en 1981; d'où la né-
      cessité pour un temps encore d'utiliser la 3e).

      Les sujets sont en ordre alphabétique et chacun d'eux est di-
      visé en paragraphes numérotés consécutivement. Dans un pre-
      mier temps, on cherche dans ces volumes uniquement le droit
      anglais.

      Exemple: Je cherche le droit jurisprudentiel applicable au
      contrat d'affrètement (charte-partie). Je me rends
      au volume 35 de *Halsbury's*, 3e éd., au chapitre
      portant sur "Shipping and Navigation". Les pages
      concernant mon sujet débutent au paragraphe 380.
      Les notes au bas des pages donnent la jurisprudence
      anglaise.

   b) Pour compléter ce premier pas, on examine les *Canadian Con-
      verter* (volumes avec un grand "A" et un carré noir à étoiles).
      Ces volumes, répartis ici et là dans la collection, suivent
      exactement le même plan que l'ouvrage principal et donnent
      la jurisprudence CANADIENNE correspondante.

      Exemple: Poursuivant en droit maritime, je prends le *Canadian
      Converter* le plus près de mon volume de base, ici:
      35A. Sous la rubrique "Shipping and Navigation",
      j'aurai, à partir du paragraphe 380, les causes ca-
      nadiennes correspondantes à ce que j'ai trouvé en
      droit anglais sur l'affrètement.

   c) *IMPORTANT:* Il faut compléter ces deux premières étapes avec
      la documentation la plus récente; chaque volume
      du *Halsbury's*, en effet, a une date limite. Celle-
      ci est indiquée dans les premières pages. Il faut
      ensuite consulter le *Cumulative Supplement* annuel
      le plus récent.

      Exemple: Le volume 35 du *Halsbury's*, que j'ai consulté, rela-
      tivement à l'affrètement, va jusqu'au 1er septem-
      bre 1961; le *Cumulative Supplement* me donnera la
      suite jusqu'à nos jours (voir les dates précises au

début du *Supplement*), sous le paragraphe 380 de "Shipping and Navigation".

d) Parallèlement à cette dernière opération, j'assure la mise à jour du *Canadian Converter* en consultant les "pages roses" du dernier *Cumulative Supplement* annuel; cela, en me référant toujours aux mêmes subdivisions et paragraphes.

e) Enfin, pour l'année courante, il y a le *Current Service*, qui met à jour la documentation, de façon bimestrielle, SAUF pour la jurisprudence canadienne (mise à jour annuelle seulement).

Ici l'ordre varie un peu. Il faut se référer à la section KEY, au début: cette dernière donne tous les numéros des paragraphes où, durant l'année, on a parlé de mon sujet, vis-à-vis du numéro du paragraphe du corps principal de *Halsbury's*.

Exemple: Sachant maintenant que l'affrètement couvre les paragraphes 380 et suivants du volume 35, je cherche, dans la section KEY, vis-à-vis vol. 35 par. 380 et suivants: les numéros indiqués sont ceux qui complètent la documentation pour l'année courante.

Caveat: Le fait de ne trouver aucune référence correspondante en droit canadien n'implique PAS que le droit est identique au droit anglais. Le législateur canadien peut avoir dérogé à la *Common law*.

En RESUME, une démarche documentaire complète nécessite l'examen successif des volumes suivants:

a) l'ouvrage principal
b) le *Canadian Converter* s'y rapportant
c) le *Cumulative Supplement*
d) le *Cumulative Supplement*, pages roses
e) le *Current Service* (anglais seulement)

2. L'*English and Empire Digest*

Il constitue une bonne source de documentation. Son arrangement suit l'ordre alphabétique des sujets, lui aussi, comme le *Halsbury's*. A la différence de ce dernier, cependant, il couvre tous les pays du Commonwealth. Mis à jour différemment.

E- Problèmes divers

1. Référence imprécise

Lorsqu'une référence ne conduit pas à la décision cherchée, au lieu d'abandonner, examiner:

(i)   une référence où les chiffres sont les mêmes, mais dans
        un autre ordre
(ii)   une référence où les chiffres varient légèrement
(iii)   les recueils de jurisprudence des deux années précédant
        et des deux années suivant la date obtenue.

Exemple: J'ai trouvé une décision dans *Can Abr. (2nd) Cum. Supp.,*
        no 11975: *Re Ritchie and Ritchie,* (1968) 3 D.L.R. (3d)
        676 (B.C.). La décision étant introuvable, en applica-
        tion des principes ci-dessus, je trouve finalement la
        bonne référence (1969) 3 D.L.R. (3d) 676 (B.C.).

2. Comment trouver un arrêt lorsqu'on a seulement le nom des parties
    et l'année.

    (i)   Voir l'*Index des sommaires* dans l'*Annuaire de jurisprudence
            du Québec*

            ou

    (ii)   Les recueils de jurisprudence pour l'année et la cour
            concernées.

    -   Lorsqu'on a seulement le nom des parties, on peut utiliser
        l'un ou l'autre des instruments suivants (en n'oubliant, pas,
        toutefois, qu'aucun d'eux n'a été conçu pour servir d'abord
        à cette fin).

        (i)   En général, les "Table of Cases" d'un des ouvrages sui-
                vants:
                -   *Canadian Abridgment*
                -   *Halsbury's Laws of England*
                -   *English and Empire Digest*

        (ii)   Un volume de *Cases judicially considered* (Can. Abr.)

        (iii)   Le *Dominion Law Reports Annotation Service* (pour les
                arrêts rapportés dans les D.L.R.)

        (iv)   L'*Index Gagnon*

        (v)   L'Index spécifique d'une cour ou d'une région données.
                (Exemple: si l'arrêt vient de l'ouest: l'index des
                Western Weekly Reports, etc.)

3. Comment savoir si un arrêt est rapporté dans plus d'une série
    de recueils de jurisprudence.

    (i)   Si la cause est mentionnée dans l'*Index Gagnon,* ce dernier
            indique les références parallèles.

(ii) Le *Canadian Abridgment* donne habituellement, aussi, les références parallèles.

4. Jurisprudence non rapportée

Tout ce que nous avons vu jusqu'ici ne touche que la jurisprudence rapportée. Il n'y a malheureusement pas de façon systématique et exhaustive de rassembler, par sujets, les décisions que ne contiennent pas les recueils de jurisprudence.

On peut remédier, parfois, à certains inconvénients:

(i) Arrêts de la Cour suprême

Depuis 1971, le *Supreme Court of Canada Reports Service* résume tous les arrêts de la Cour suprême, rapportés ou non [section "Current service"]. (Même pour les arrêts rapportés, on aimera s'y référer car les arrêts y sont signalés bien avant leur parution dans les R.C.S.)

Les pages du début des R.C.S. donnent la liste des jugements rendus durant l'année et qui ne seront pas publiés.

Dans le cas où on veut une copie du jugement, on s'adresse au Registraire de la Cour suprême. La cour conserve ses dossiers, en effet, parce qu'elle est une cour d'archives: *Loi sur la Cour suprême*, S.R.C. 1970, c. S-19, a. 3.

(ii) Arrêts de la Cour fédérale

Comme on l'a déjà vu, la table des lois citées, qui accompagne le volume annuel des rapports de la C.F. indique s'il y a un arrêt non rapporté, rendu sur tel point. (v. *supra* [M 10] IV, A, 2, e).

(iii) Arrêts de la Cour d'appel du Québec

Le recueil annuel donne la liste des jugements non publiés rendus durant l'année et leur numéro. On en fait la demande au greffe de la Cour d'appel ou aux archives de la Cour supérieure, selon que les délais d'appel à la Cour suprême sont expirés ou non. [La Cour d'appel ne garde pas de dossiers, voir l'a. 522 du *Code de procédure civile*, S.Q. 1965, Sess. 1, c. 80. La Cour supérieure est un tribunal d'archives, *Loi des tribunaux judiciaires*, S.R.Q. 1964, c. 20,a. 21.]

Inconvénient de cette méthode: l'impossibilité de regrouper les décisions par sujets.

(iv)   Arrêts de la Cour supérieure

Aucun moyen scientifique d'en connaître l'existence, hormis la consultation du rôle.

V- *[VERIFICATION]*   TROUVER DE LA JURISPRUDENCE

   * signifie PEREMPTOIRE

   AI-JE VERIFIE SI....   [✓]

     - Connaissant la LOI, j'ai consulté:
   * Q - l'ANNUAIRE DE JURISPRUDENCE?............................[ ]
   * F - le Statutes of Canada JUDICIALLY CONSIDERED?.............[ ]
      F - le Canada STATUTE CITATOR?...............................[ ]
      F - le FEDERAL COURT of Canada Service?......................[ ]

     - Connaissant le MOT-CLE, j'ai consulté:
   * Q - l'ANNUAIRE DE JURISPRUDENCE?............................[ ]
            et le REPERTOIRE GENERAL?................................[ ]
   * F - le CANADIAN ABRIDGMENT?..................................[ ]
            et ses SUPPLEMENTS?......................................[ ]
      - le SUPREME COURT of Can. Reports Service?................[ ]
   *   - les FASCICULES COURANTS?................................[ ]

     - j'ai examiné les WORDS and PHRASES?..........................[ ]

     - j'ai examiné le DROIT ANGLAIS:
       - avec le HALSBURY'S?.......................................[ ]
       - avec l'EMPIRE DIGEST?.....................................[ ]

     - il s'agit de jurisprudence NON RAPPORTEE?...................[ ]

90

LIRE DE LA JURISPRUDENCE

I- *PLAN*

A- L'autorité dans l'arrêt [contenu]

    1. Les motifs

        a) *Ratio decidendi*
        b) *Obiter dictum*
        (i)   Pluralité de motifs
        (ii) Silence du tribunal

    2. Arrêt décisif

        a) Une majorité de juges
        b) Identité de motifs
        (i)   Danger de l'extrait
        (ii) Portée de la dissidence

B- L'autorité de l'arrêt [portée]

    Le *stare decisis*

    1. La hiérarchie des tribunaux

        a) Cour suprême
        b) Cour d'appel
        c) Cour supérieure

    Remarque

    2. La situation particulière du Québec

        a) En droit privé
        b) En droit public

    Conséquence

C- Doctrine

II- *JUSTIFICATION*

Il ne suffit pas, pour soutenir un point de vue, de pouvoir produire tout un ensemble de décisions qui portent sur le sujet examiné. Il faut s'assurer que l'arrêt décide vraiment du point en litige. Pour cela, il faut déterminer:

A- Où est l'autorité *dans* l'arrêt: *ratio* v. *obiter* [aspect CONTENU]

B- Quelle est l'autorité *de* l'arrêt: *stare decisis* [aspect PORTEE]

III- *REMARQUES PRELIMINAIRES*

1. Attention au rapprochement, parfois trompeur, des expressions décrivant le sort fait à une action intentée.

   Exemple: Requête pour rejet d'appel d'un jugement rejetant une requête pour jugement déclaratoire. Accueillie.

   Ce jargon signifie que la requête pour rejet est accueillie, que l'appel n'aura donc pas lieu et, que le rejet de la requête pour jugement déclaratoire par le tribunal inférieur est confirmé. La complication vient de ce que les trois mêmes mots (requête, rejet, jugement) sont employés deux fois.

2. Tenir compte qu'en règle générale, la jurisprudence joue un rôle plus important en droit public, fédéral et québécois, qu'en droit privé québécois. Cette distinction, cependant, n'a plus d'effet au niveau d'une décision de la Cour suprême.

3. Ne pas se fier au texte du résumé, d'un index, répertoire ou annuaire, mais plutôt lire le texte intégral de l'arrêt pour s'éviter surprises et déceptions: la décision touche peut-être à mon cas d'une façon très indirecte. Toujours lire le texte INTEGRAL de l'arrêt.

4. Dans le cas d'arrêts très importants, il peut être intéressant de connaître l'opinion que la doctrine a dégagée de leur considération. Pour trouver ces commentaires, on consulte l'*Index to Canadian Legal Periodical Literature* (dont on parlera plus abondamment, *infra* [M 14]) à la section "Cases".

   Attention: respecter l'ordre des parties à la décision, sinon on ne trouvera rien.

   On peut aussi utiliser l'*Index Gagnon* à cette fin.

IV- *DEMARCHE PROPREMENT DITE*

A- L'autorité *dans* l'arrêt [contenu]

   Ce qui fait autorité dans un arrêt, ce sont les *motifs* (1.) dans un *arrêt décisif* (2.) (ou, selon l'expression anglaise classique "reasons for judgement in decided cases").

1. Les *motifs*:   par opposition aux opinions; c'est la *ratio deci-dendi* (a) par opposition à l'*obiter dictum* (b).

   Si on prend le critère de la nécessité:

   a) la *ratio*: c'est le motif essentiel pour lequel la décision est rendue. C'est la conclusion d'un raisonnement juridique dont chaque "chaînon" est nécessaire.

   b) l'*obiter*: c'est une opinion, émise par un juge, au passage, sans qu'elle soit nécessaire à la solution complète du litige, ou sans que le tribunal n'ait été saisi du problème.

   De ce qui précède, il suit:

   (i)   que s'il y a plusieurs motifs, l'ensemble forme la *ratio decidendi*.

   (ii) qu'on ne doit inférer aucune approbation ou improbation du fait que le tribunal ne s'est pas prononcé sur un des points soumis.

   Exemple: Prenons l'arrêt *Ville St-Laurent* v. *Marien*, [1962] R.C.S. 580. Après avoir décidé que la Ville n'était pas responsable d'avoir, de bonne foi, refusé d'émettre un permis de construction [*ratio*], le juge Fauteux se demande si elle *aurait pu* être obligée de payer des dommages-intérêts au cas où elle aurait succombé à l'action [*obiter*], (à la p. 587).

2. Un *arrêt décisif*: soit un arrêt dans lequel la question de droit soumise est réellement tranchée par une *majorité* (a) de juges pour les *mêmes motifs* (b).

   Si on prend le critère du nombre:

   a) il faut unanimité des juges ou, au moins, accord d'une *majorité* de juges sur la décision à prendre.

   b) il faut également que les juges décident pour les *mêmes motifs*, afin que l'arrêt soit considéré comme décisif. On conçoit, en effet, difficilement qu'on puisse dégager un principe de droit valable à partir d'une multiplicité d'argumentations

   De ce qui précède, il suit:

   (i)   qu'il est imprudent de citer un extrait jurisprudentiel hors contexte: il n'est pas sûr qu'il contienne la "convergence" des motifs, la substance de l'arrêt.

(ii)   que la dissidence n'a aucune portée juridique en tant que
       telle. Elle peut parfois, tout au plus, laisser envisager
       l'appel à un tribunal supérieur.

Exemple: L'arrêt *Calder* v. A.G. *of* B.C., (1973) 34 D.L.R. (3d)
            145. La majorité des juges rejette l'arrêt pour juge-
            ment déclaratoire concernant le titre de propriété in-
            dien en Colombie-britannique. Trois juges ont les
            mêmes motifs. Trois autres sont dissidents. Un sep-
            tième refuse de se prononcer à cause d'un vice de pro-
            cédure.
            Conclusion: l'action est rejetée mais la question de
            droit n'est pas tranchée parce qu'une majorité de juges
            ne s'est pas prononcée pour des motifs identiques.

B- L'autorité *de* l'arrêt [portée]

(L'étude de la portée dans le temps fait l'objet d'une étape particulière, *infra* [M 12]).

Le système juridique de *Common law* applique, comme on le sait, la
doctrine du *stare decisis* (littéralement: s'en tenir aux choses
décidées) qui rend obligatoire l'application d'un précédent.

Sous réserve des nuances à apporter à cause de la situation particulière du Québec (2.), l'autorité d'un arrêt et, par conséquent,
l'application de la doctrine du *stare decisis* dépend, essentiellement,de la place du tribunal qui l'a rendu, dans la hiérarchie des
tribunaux (1.).

1. La hiérarchie des tribunaux

    Disons tout d'abord, qu'un tribunal inférieur ne peut jamais
    renverser une jurisprudence établie par un tribunal supérieur.

    Positivement, maintenant, voyons l'effet de la hiérarchie des
    tribunaux canadiens sur l'application d'un précédent.

    a) La Cour suprême du Canada est liée:

        (i)   par les décisions du Comité judiciaire du Conseil
               Privé relatives au Canada et rendues AVANT l'aboli-
               tion des appels à Londres.

        (ii)   par ses propres décisions: *Stuart* v. *The Bank of
               Montreal*, (1909) 41 R.C.S. 516.

    b) La Cour d'appel du Québec est relativement liée:

    (i)   par les décisions de la Cour suprême du Canada.

    (ii)   par ses propres décisions, lorsque la jurisprudence est constante.

    (iii)   par les décisions des Cours d'appel des autres provinces (dans les matières de droit public).

c)   La Cour supérieure du Québec est liée:

    (i)   par les décisions de la Cour suprême du Canada.

    (ii)   par une jurisprudence constante de la Cour d'appel.

    (iii)   par les décisions des Cours d'appel des autres provinces (dans les matières de droit public).

Remarque: Dans le cas de la Cour d'appel et de la Cour supérieure, la règle, en théorie, n'est pas appliquée strictement. A cause, cependant, du contrôle ultime de la Cour suprême, par voie d'appel, on obtient, en pratique, le même résultat.

2.   La situation particulière du Québec

[Revoir ce qu'on a dit *supra*, [M 10] III, 1., 2., 3., au sujet du droit français-anglais, public-privé, québécois-fédéral].

Le Québec, on le sait, est un modèle permanent de droit comparé, à cause de la coexistence de deux grands systèmes juridiques.

Très brièvement, on peut résumer la situation juridique du Québec de la façon suivante:

a)   En *droit privé*:   c'est un pays de droit écrit, codifié, d'inspiration française.

b)   En *droit public*: c'est un pays de droit non-écrit (sauf, évidemment le droit statutaire), jurisprudentiel, d'inspiration anglaise.

CONSEQUENCE: ce n'est pas toute la jurisprudence ni tout dans la jurisprudence des autres provinces qui peut s'appliquer au Québec. Il n'y a que le droit public qui soit applicable quasi-uniformément au Canada.

La jurisprudence en droit privé des autres provinces NE S'APPLI-
QUE PAS au Québec. Lorsqu'un arrêt se prononce à la fois sur
une question de droit public et de droit privé, seule la question de droit public est susceptible d'application au Québec.
La question de droit privé devra être traitée selon le droit
québécois.

C- Sur les questions que nous avons examinées, on aura intérêt à consulter, pour plus de détails:

L.-P. PIGEON, *Rédaction et interprétation des lois*, Québec, 1965,
pp. 36-37.

H.A. HUBBARD, "Le processus judiciaire du common law", (1968) 28
R. du B. 1.

V- [*VERIFICATION*]   LIRE DE LA JURISPRUDENCE

  * signifie PEREMPTOIRE

  Ai-JE VERIFIE SI....   [✓/

  * - j'ai extrait les MOTIFS de l'arrêt?.........................[ ]

  * - l'arrêt est DECISIF parce qu'il y a:
        - une MAJORITE de juges?...................................[ ]
        - et IDENTITE de motifs?..................................[ ]

  * - la règle du PRECEDENT s'applique?..........................[ ]

  *Q - il s'agit de DROIT PRIVE?..................................[ ]
        ou de DROIT PUBLIC?.......................................[ ]

97

LA JURISPRUDENCE DANS LE TEMPS

I- *PLAN*

Démarche préjudicielle: l'appel

A- La loi a-t-elle changé depuis la décision?
1. D'aujourd'hui à hier
2. D'hier à aujourd'hui
Rappel
3. Législation nouvelle

B- La jurisprudence postérieure a-t-elle suivi la décision?
1. Au Québec

a) Arrêts postérieurs aux années 20
b) Arrêts antérieurs aux années 20
c) Remarques sur l'*Index Gagnon*
d) Rappel: mise à jour

2. Au fédéral

a) Arrêts anciens
Cases Judicially Considered
b) Arrêts récents
Dominion Law Reports Annotation Service

3. IMPORTANT

II- *JUSTIFICATION*

Après avoir trouvé de la jurisprudence et y avoir puisé le principe juridique applicable, il reste une dernière chose à vérifier: si l'arrêt peut encore servir *aujourd'hui*. Il s'agit du problème de sa portée dans le temps, problème qu'on doit examiner sous deux approches.

A- La *loi* a-t-elle changé depuis la décision étudiée

B- La *jurisprudence postérieure* a-t-elle suivi fidèlement ou avec "distinctions" cette décision. Problème de la tendance jurisprudentielle.

III- *REMARQUES PRELIMINAIRES*

1. Le principe dégagé dans un arrêt, même ancien, peut demeurer susceptible d'application même si toutes les données juridiques et factuelles sont différentes de celles de la question à solutionner, et ce, particulièrement pour la jurisprudence du Conseil privé et de la Cour suprême.

2. Tenir compte du contexte historique et social dans lequel une décision s'insère. Il peut y avoir une évolution, depuis lors, ce qui implique la possibilité d'une décision différente de nos jours. Par exemple:

   - l'évolution des faits: guerre, crise économique;
   - l'évolution des moeurs: avortement;
   - l'évolution de la pensée politico-sociale: la responsabllité du fabricant.

IV- *DEMARCHE PROPREMENT DITE*

A titre préjudiciel, il faut s'assurer que la décision étudiée n'a pas été portée en appel. Un pourvoi en appel peut signifier le renversement total de la question décidée par le tribunal *a quo*.

Comment savoir si une décision a été portée en appel? La plupart des recueils de jurisprudence l'indiquent au début du texte par un signe distinctif (le plus souvent un astérisque) et, au Québec, les *Recueils de Jurisprudence* C.S. et C.A. donnent, *au début* du volume annuel, la liste des causes portées en appel.

Pour les appels au Conseil privé des arrêts de la Cour suprême, il y a une mention et la référence dans le *Supreme Court of Canada Reports Service*.

Pour la jurisprudence des autres provinces, on consultera le *Canadian Abridgment* (2nd), le *Cumulative Supplement*, section "appeals noted".

A- La loi a-t-elle changé depuis la décision?

On suivra deux démarches selon que le point de départ se situe aujourd'hui ou dans le passé.

1. D'aujourd'hui à hier

   On connaît la disposition législative aujourd'hui et on veut savoir si elle se lisait de la même façon dans le passé. On prend la version du texte de la dernière refonte (Q) ou revision (F) et on remarque qu'à la fin de chaque article, il y a un renvoi à la disposition correspondante de la refonte antérieure ou, le cas échéant, un renvoi à la loi qui l'a édictée. On peut ainsi savoir quand un texte fut introduit dans notre droit pour la première fois.

Exemple: J'examine la question de savoir s'il y a une disposition traitant de la possession de terrains au Canada par des non-citoyens. Ayant suivi une bonne méthode, je trouve rapidement la réponse à l'article 24 de la *Loi sur la citoyenneté canadienne*, S.R.C. 1970, c. C-19. A la fin de l'article, la mention S.R. c. 33 a. 24 m'indique la disposition correspondante de la revision antérieure i.e. S.R.C. 1952. Je m'y rends et me réfère encore une fois au renvoi final: 1946 c. 15 a. 29, pour constater que le texte est le même qu'aujourd'hui. Conclusions incontestables: a) une décision jurisprudentielle sous cette disposition peut encore s'appliquer de nos jours.

b) c'est en 1946 que le texte a été édicté pour la première fois en droit interne canadien (sous réserve de dispositions antérieures analogues).

2. D'hier à aujourd'hui

A l'inverse, maintenant: supposons qu'on ait trouvé une décision jurisprudentielle sur un sujet et sous une loi quelconque et qu'on veuille savoir si cette loi existe encore telle quelle dans notre droit. On travaille avec le *Tableau de l'historique et du traitement des lois* qu'on retrouve dans un volume de chaque refonte ou revision.

Exemple: J'ai trouvé une décision jurisprudentielle sur la propriété des terres par des non-citoyens: *Re Kvasnak Estate*, (1951) 3 D.L.R. 412 (C.A. Sask.) décidée sous la *Loi sur la citoyenneté canadienne*, S.C. 1946, c. 15 a. 29. Je veux savoir si cet article existe encore aujourd'hui. Le *Tableau de l'historique et du traitement des lois* des S.R.C. 1952 m'indique que l'article 29 de ma loi est devenu l'article 24 dans les S.R.C. 1952 et celui des S.R.C. 1970 m'indique que l'a. 24 est demeuré l'a. 24 dans les S.R.C. 1970, c. C-19.

Rappel: En plus de cela, voir si la loi n'a pas été modifiée ou abrogée depuis la refonte ou revision. Cf. *supra* [M 3].

100

3. Législation entièrement nouvelle

    Il peut arriver que la loi sous laquelle la décision a été rendue
    soit encore en vigueur telle quelle mais que la décision soit
    devenue caduque par l'effet d'une législation nouvelle.

    Exemple: L'arrêt *Three Rivers Boatman* v. *Conseil canadien des
    relations ouvrières*, [1969] R.C.S. 607, a consacré le droit
    de surveillance et de contrôle de la Cour supérieure
    du Québec sur les organismes qui relèvent de la compé-
    tence fédéral. Peu après, le législateur fédéral don-
    nait ce droit de surveillance à la Cour fédérale, pour
    la plupart de ces organismes. Voir la *Loi sur la cour
    fédérale*, S.R.C. 1970, c. 10 (2e supp.).

B- La jurisprudence postérieure a-t-elle suivi la décision?

    Le meilleur moyen de déceler la permanence de la jurisprudence posté-
    rieure ou la création d'une nouvelle tendance, c'est de voir si un
    arrêt a été pris en considération par un autre tribunal, à un autre
    moment.

1. Au Québec

    a) Arrêts postérieurs aux années 20 (arrêt citant et non cité)

        On consulte l'*Index Gagnon*. Ce précieux instrument comprend
        deux parties non cumulatives; la première fut publiée en 1966
        et la seconde en 1971. Il faut donc, la plupart du temps,
        consulter les deux en commençant, toutefois, par la plus ré-
        cente, parce qu'un * signalera que la cause est aussi incluse
        dans la première partie.

        Exemple: Je cherche si l'arrêt *Laliberté* v. *Larue*, [1931]
        R.C.S. 7 a été cité dans une cause postérieure.
        Je cherche d'abord dans la seconde partie sous
        Laliberté v. *Larue*: j'y trouve les causes posté-
        rieures à 1966 où mon arrêt est cité. Comme le
        titre est précédé d'un * je sais qu'il y a une
        autre liste dans la 1ère partie qui s'ajoute à ce
        que j'ai trouvé; je m'y rends donc sous le même
        nom: *Laliberté* v. *Larue*.

    b) Arrêts antérieurs aux années 20 (arrêt citant)

        Il n'y a aucun instrument qui puisse jouer ce rôle, sauf le:
        Matthieu, *Table alphabétique des arrêts rapportés et cités
        dans la province de Québec*.

Ce répertoire couvre des arrêts anciens, depuis 1889. Utile
pour les décisions pré-confédératives.

c) Remarques sur l'*Index Gagnon*

   (i)   Les arrêts apparaissent aux noms sous lesquels ils
         sont rapportés. Il faut connaître exactement le nom
         de l'arrêt. Ainsi je ne trouverai rien si je cherche
         Larue v. *Laliberté*.

   (ii) La couronne est toujours symbolisée R. (The King, The
         Queen, etc.). De plus, les références impliquant la
         Couronne comme partie demanderesse sont classées par
         ordre alphabétique des parties *défenderesses*, comme si
         on ne tenait pas compte du "R".

   Exemple: Je cherche si l'arrêt R. v. *Drybones*, (1970) R.C.S.
         282 a été cité. En application des deux remarques
         ci-dessus, je sais que je ne trouverai rien à *Dry-
         bones* v. R. Je dois chercher R. v. *Drybones*, mais
         c'est dans les "D" et non les "R" que je le trouverai
         parce qu'on ne tient pas compte de la couronne. Au
         chapitre des "D" je trouverai ma référence dans
         l'ordre comme suit:

                  Drury v. *Lambert*
                  R. v. *Drybones*
                  Dryburgh v. R.

   (iii) L'absence d'* m'indique que l'arrêt n'est pas mentionné
         dans la 1ère partie.

   (iv) On aura noté que l'*Index Gagnon* ne se confine pas au
         droit civil, bien que ce soit dans ce domaine qu'il
         soit le plus précieux, vu l'impossibilité d'appliquer
         au Québec le droit civil des autres provinces.

d) *Rappel*: Que l'on ait ou non trouvé quelque chose, il faut
         continuer la mise à jour jusqu'à aujourd'hui.

         Il n'y a, malheureusement, aucun instrument qui
         prenne la relève de l'*Index Gagnon*. Il faut donc
         consulter chaque fascicule des recueils des cours
         susceptibles d'appliquer l'arrêt sous examen (R.C.S.,
         C.F., C.A., C.S., R.P.).

2. Au fédéral

On consulte généralement la série *Cases Judicially Considered*
(ou: *Noticed*) du *Canadian Abridgment* (1ère éd.), s'il s'agit
d'un cas assez ancien, ou les *Dominion Law Reports Annotation
Service* (second and third series) s'il s'agit d'un cas plus
récent (à partir de 1956).

a) Arrêts anciens

   Voici dans quel ordre on fait sa recherche. (Il s'agit
   toujours du *Canadian Abridgment*).

   (i)   D'abord la première refonte, en trois volumes,
          qui va des premiers temps jusqu'en 1946, des
          Cases Judicially Noticed,

   (ii)   ensuite, le supplément de 1946 à 1952,

   (iii) ensuite, le supplément de 1953 à 1957,

   (iv)   ensuite, le supplément de 1958 à 1968,

   (v)   enfin, le Can.Abr. (2nd) *Appendix*, à feuilles mobi-
          les qui donne toutes les causes citées depuis
          1969

   (vi)   pour une documentation complète, on se référera aux
          derniers numéros du *Canadian Current Law* qui contient
          une section des plus récents *Cases Judicially Considered*.
          ATTENTION, toutefois, contrairement aux autres ru-
          briques du *C.C.L.*, celle-ci *n'est pas* cumulative,
          il faut donc examiner chaque numéro de l'année en
          cours.

   Note: Il est intéressant de savoir que des abréviations indi-
          quent le sort précis de la décision considérée. Ainsi,
          on saura que la décision a été appliquée, suivie, con-
          sidérée, "distinguée", expliquée, etc., selon que l'on
          y verra les mots Apld., Folld., Consd., Dist., Explld.
          (Voir la table complète des abréviations au début des
          volumes).

   Exemple-Exercice: Faire le relevé de toutes les causes où on a
                        cité l'arrêt anglais *Kruse* v. *Johnson*,
                        (1898) 2 Q.B. 91.

b) Arrêts récents (à partir de 1956)

Lorsque l'arrêt trouvé n'est pas trop ancien on peut, aussi, se servir du *Dominion Law Reports Annotation Service* (second and third series). C'est une publication annuelle.

Le principe de base est qu'il faut absolument connaître la référence ordinaire aux D.L.R. (i.e. Volume, série et page). Ensuite on se rend à la référence obtenue et on y trouve la liste des décisions où notre arrêt a été cité.

Exemple: Je veux savoir si la jurisprudence a appliqué l'arrêt *Robbins* v. *C.B.C.*, (1958) 12 D.L.R. (2d) 35 (Que. S.C.). Je cherche dans l'*Annotation Service* (le plus récent) sous le Volume 12, page 35 et je trouve Refd to 56 (2d) 215. On y a donc référé dans *Baton Broadcasting Ltd.* v. *C.B.C.*, (1966) 56 D.L.R. (2d) 215.

Supposons que je ne sache pas quelle est la référence dans les D.L.R., parce que l'auteur a cité une autre référence (l'arrêt *Robbins*, par exemple, est aussi rapporté à [1958] C.S. 152). Dans ce cas, il faut consulter la liste des décisions: les *Table of Cases*. Pour la deuxième série (D.L.R. (2d)), cette liste est publiée en un volume séparé, après le dernier volume de la série, qui prend fin en 1968. Pour la troisième série (D.L.R. (3d)) actuellement en cours, la liste se trouve dans l'*Annotation Service*, entre les annotations de la 2e série et celles de la 3e série. Les décisions sont indiquées par ordre alphabétique avec renvoi au volume des D.L.R.

Résumé:

Liste des arrêts de la 2e série:	Un volume à part.
Annotations de la 2e série:	Ensemble en un seul
Liste des arrêts de la 3e série:	volume refondu
Annotations de la 3e série:	annuellement.

Ici aussi il faut savoir le nom exact, dans l'ordre des parties, sinon on ne retrouvera pas la décision.

3. IMPORTANT

Est-il besoin de dire, qu'il faut lire minutieusement les arrêts ainsi retrouvés. Ici plus qu'ailleurs encore, il faut éviter de s'en tenir à un filon unique. Le fait qu'un tribunal ait mentionné un arrêt n'implique évidemment pas qu'il l'approuve: ce peut être pour ne pas en tenir compte. De même, en cas de pluralité de motifs dans un arrêt, la jurisprudence postérieure peut n'en considérer qu'un seul, etc.

On aura compris qu'on ne doit *jamais* commencer une recherche de jurisprudence par cette étape parce qu'elle conduit à une liste trop homogène d'arrêts. Elle empêchera de trouver et de tenir compte de la jurisprudence défavorable à notre opinion. Au seuil de la recherche, on doit tout prendre et élaguer par la suite seulement.

[M 12]

V- [*VERIFICATION*]   LA JURISPRUDENCE DANS LE TEMPS

    * signifie PEREMPTOIRE

    AI-JE VERIFIE SI....   [✓]

       - le CONTEXTE historico-social a changé?......................[ ]

  * - il y a eu APPEL de l'arrêt étudié?..........................[ ]

  * - la LOI a CHANGE depuis la décision?........................[ ]

  * - il y a eu une LOI NOUVELLE depuis?.........................[ ]

       - la JURISPRUDENCE a appliqué l'arrêt:

  * Q - j'ai consulté l'INDEX GAGNON?............................[ ]

        et je l'ai COMPLETE?.....................................[ ]

  * F - j'ai consulté le CAN. ABR.?.............................[ ]

        et complété avec le C.C.L.?..............................[ ]

    F - j'ai consulté le D.L.R. ANNOTATION?.....................[ ]

  * - j'ai LU les arrêts repérés?...............................[ ]

106

TROUVER UN LIVRE

I- *PLAN*

   1. Voir les listes bibliographiques

      a) L'*Introduction aux ouvrages de référence en droit*
      b) La *Bibliographie du droit canadien*
      c) Subdivision "Bibliographie" du catalogue-sujet

   2. Consulter le catalogue

      a) Connaissant l'auteur ou le titre
      b) Ne connaissant ni auteur ni titre

   3. Trois hypothèses complémentaires

      a) Ouvrage récent
         (i)   Québec
         (ii) Fédéral
         (iii) En général
         (iv) En sciences sociales
      b) Recherches en cours
      c) Thèses

II- *JUSTIFICATION*

   Cette étape est recommandée afin de s'assurer que la recherche entreprise n'a pas déjà été faite et perdre ainsi un temps précieux.

III- *REMARQUES PRELIMINAIRES*

   1. En documentation juridique, il faut souvent renoncer à trouver une
      monographie détaillée sur chaque ramification d'un problème. Dans
      bien des cas, la qualification [M 1] donnée au problème suffira
      à guider vers un traité général de droit civil ou de droit public,
      lequel, contiendra, la plupart du temps, les principaux éléments
      de réponse.

2. Il ne faut pas considérer le livre comme une source importante de
droit. On le consulte surtout à titre de *compilation utilitaire*,
pour prendre connaissance de notre sujet. Il faut ensuite voir
et vérifier au complet le texte de la loi, du règlement ou de la
décision jurisprudentielle qu'il mentionne et voir s'ils sont encore valables.

IV- *DEMARCHE PROPREMENT DITE*

1. Voir les listes bibliographiques

a) D'abord de MM. E. CASAUBON et A. SINCLAIR, l'*Introduction aux
ouvrages de référence en droit*, Québec, Bibliothèque de l'Université Laval, 1973, 167p. Cette introduction donne une bibliographie sélective par sujets et peut servir de guide vers les
principaux titres.

b) Ensuite de R. BOULT, la *Bibliographie du droit canadien*,
Montréal, Wilson et Lafleur, 1966, 393p. Elle aussi est sélective,
elle a comme principal avantage de remonter assez loin dans le
temps et comme principal inconvénient, puisqu'elle date de 1966,
de ne pas tenir compte de l'abondante production québécoise et
canadienne postérieure à cette date.

c) Enfin, les différentes vedettes du catalogue-sujet contiennent
une subdivision "BIBLIOGRAPHIE". Ceci complète souvent la
cueillette des sources mais n'implique évidemment pas que la
Bibliothèque de l'Université possède tous les volumes mentionnés dans ces bibliographies.
[Dans ce cas, on peut avoir recours au service du prêt entre
bibliothèques].

2. Consulter le catalogue: pour trouver ce que possède la bibliothèque sur mon sujet.

Le catalogue: immense fichier exhaustif de tout ce que possède la
bibliothèque, peu importe où l'ouvrage est situé.

Il y a deux approches possibles:

a) Je connais l'*auteur* ou le *titre*: consulter le catalogue auteurs-
titres, sans autres formalités
b) Je ne connais ni auteur ni titre: consulter le catalogue
"*sujets*".

[M 13]

Important: il faut savoir sous quelle vedette notre sujet est classé pour éviter erreurs et déceptions. CECI EST CAPITAL. La Bibliothèque de l'Université Laval publie un *Répertoire des vedettes-matières*, qui donne les mots utilisés comme vedettes et ceux qu'on a rejetés. Sa consultation s'impose donc toujours dès le début pour savoir s'il y a ou non une entrée au catalogue sous le mot qu'on cherche. Il constitue en quelque sorte "l'ossature du catalogue".

Exemple: Le répertoire m'indique que je trouverai une entrée au catalogue si je travaille sur la novation (article 1169 c.c.) mais si je cherche quelque chose sur la remise (article 1181 c.c.), je devrai regarder sous "droit civil" en général car il n'y a pas de vedette "remise".

Remarque: Si je cherche un traité concernant la législation dans un domaine, je devrai chercher sous la vedette de ce domaine, subdivision LEGISLATION.

Exemple: Le droit de la construction est catalogué à CONSTRUCTION-LEGISLATION.

3. Pour compléter cette démarche, examinons trois hypothèses:

a) *Le cas d'un ouvrage récent*, qu'on ne trouve pas sur les rayons de la bibliothèque parce qu'il n'est pas encore commandé ou catalogué. On aura intérêt à consulter les plus récents numéros des publications des bibliothèques nationales pour connaître les parutions récentes:

(i) *Au Québec*: La *Bibliographie du Québec*, liste mensuelle des publications québécoises ou relatives au Québec établie par la Bibliothèque Nationale du Québec.
Le sommaire du début indique à quelle page on trouve le droit. On ne perd rien à regarder les cotes H (sciences sociales) et J (sciences politiques) en plus du K (droit), de manière à ne rien laisser échapper.
Très pratique: indique, en plus, la publication des notes de cours de droit dans les différentes facultés du Québec.
Ne pas confondre la *Bibliographie du Québec* avec le *Bulletin trimestriel* de la Bibliothèque de la Législature du Québec qui donne la

109

liste des acquisitions de la Bibliothèque de la Législature et contient des articles sur divers aspects de la documentation parlementaire.

(ii)   *Au fédéral*: on consulte les derniers numéros de *Canadiana*. Publié par la Bibliothèque nationale du Canada, *Canadiana* "signale les publications canadiennes ou les publications se rapportant au Canada". Le droit y est catalogué comme une sous-rubrique des sciences sociales et on aura tout intérêt à examiner les rubriques "sciences politiques" (320) et "administration publique" (350), en plus du droit (340). Il s'agit de la classification décimale de Dewey.
Les parties I (Monographies) et II (Thèses microcopiées et microfilmées) sont les plus utiles à l'étudiant, mais on peut consulter avec avantage les parties III (Séries) et IV (Brochures). Les parties VII et VIII donnent respectivement la liste des publications gouvernementales (F) et (Q).

(iii) *En général*: on consulte *Current publications in legal and related fields*, qui couvre les parutions *en anglais* à travers le monde.

(iv)   Dans certains domaines de recherche juridique, le lecteur devrait examiner le *Sociological abstracts* qui répertorie les monographies des sciences sociales; ceci permet d'élargir la perspective examinée.

b) *Le cas des recherches en cours*. Bien qu'il ne s'agisse pas d'un livre à proprement parler, on ne peut négliger cette source, car elle peut indiquer beaucoup.

Pour l'étudiant qui entreprend une thèse, il y aurait avantage à consulter le *Répertoire des recherches menées actuellement au Canada dans le domaine juridique*, Ottawa, Information Canada, [collaboration du Ministère fédéral de la Justice et de l'Association canadienne des professeurs de droit].
Cette liste couvre les recherches entreprises
- dans les universités
- au sein des commissions de réforme du droit (fédérale et provinciales)
- dans les ministères fédéraux.

Note: on n'oubliera pas que la liste exclut automatiquement
toutes les recherches *terminées* sur un point donné.

c) Enfin, la plupart des universités possèdent un répertoire des
thèses défendues en leurs murs. Il est recommandé de le consulter pour ne pas avoir l'air trop béotien devant son jury de
thèse. A l'Université Laval, c'est le *Répertoire des thèses
de l'Ecole des Gradués* de 1941 à nos jours.

Pour les autres pays, on s'en remet aux répertoires nationaux;
mentionnons à titre d'exemples seulement:
Le *Dissertation Abstracts International,* série A (Humanités et
sciences sociales) (quelques thèses canadiennes mais en majorité américaines).
Le *Catalogue des thèses de Doctorat* (soutenues devant les Universités françaises).
L'*Index to theses* (Royaume-Uni).

[M 13]

V- [VERIFICATION]   TROUVER UN LIVRE

   * signifie PEREMPTOIRE

   AI-JE VERIFIE SI....   [✓

   - j'ai consulté les BIBLIOGRAPHIES:

       * a) OUVRAGES GENERAUX (U.L.)?...........................[ ]
       * b) DROIT CANADIEN?......................................[ ]
         c) CATALOGUE-SUJET?......................................[ ]

   - j'ai consulté le CATALOGUE:

         a) AUTEURS-TITRES?.......................................[ ]
       * b) SUJETS?..[ ]

       et le REPERTOIRE DES VEDETTES-MATIERES?....................[ ]

   - j'ai examiné les COMPLEMENTS:

         a) un LIVRE RECENT dans:

             (i)   la BIBLIOGRAPHIE DU QUEBEC?..................[ ]
             (ii)   CANADIANA?...................................[ ]
             (iii)   CURRENT PUBLICATIONS?........................[ ]
             (iv)   SOCIOLOGICAL ABSTRACTS?......................[ ]

         b) les RECHERCHES EN COURS?.............................[ ]
         c) les THESES?..[ ]

   * - j'ai MIS A JOUR la documentation?.........................[ ]

112

TROUVER UN ARTICLE DE PERIODIQUE

I- *PLAN*

1. L'*Index to Canadian Legal Periodical Literature*

   Ordre de consultation
   Deux questions connexes:
   a) Avant 1961
      (i)   *Bibliographie du droit canadien*
      (ii) Index spécifiques de périodiques
      (iii) L'*Index to Legal Periodicals* et autres
   b) Jusqu'à aujourd'hui
      (i)   Table des périodiques courants
      (ii) Chroniques régulières de la R. *du B.*

2. Autres instruments

   a) L'*Annuaire de Jurisprudence du Québec*
   b) Le *Canadian Abridgment, Appendix*
   c) Le *Canadian Current Law*
   d) Le *Social Sciences and Humanities Index Radar*

Note finale

II- *JUSTIFICATION*

La documentation périodique remplit un double but: (i) elle permet de *compléter* un livre en y ajoutant le matériel postérieur;
(ii) elle permet de *déceler* les nouvelles tendances et les développements les plus récents. Pour être bien à jour, on ne doit pas négliger cette étape.

III- *REMARQUES PRELIMINAIRES*

1. La super-spécialisation a au moins un avantage: l'apparition d'un grand nombre de périodiques à vocation très particulière. Lorsqu'on travaille dans un domaine précis, on doit tenter de trouver le périodique idoine.

2. Il ne faut pas considérer l'article de périodique comme une source importante de droit. On le consulte surtout à titre de *compilation utilitaire*, pour prendre connaissance de notre sujet. Il faut ensuite voir et vérifier au complet le texte de la loi, du règlement ou de la décision jurisprudentielle qu'il mentionne et voir s'ils sont encore valables.

IV- *DEMARCHE PROPREMENT DITE*

1. L'*Index to Canadian Legal Periodical Literature*

C'est le meilleur instrument à consulter. Il regroupe les périodiques juridiques canadiens et les articles juridiques publiés dans des périodiques non-juridiques.

Les articles sont cités par sujets selon des mots-clés anglophones. On trouve une table de concordance français-anglais au début des refontes.

Exemple: je cherche un article relatif aux "accidents du travail", la table me renverra aux mots "industrial accidents" et "workmen's compensation", je trouverai mes articles sous ces deux rubriques (ou sous l'une seule).

Ordre de consultation:
(i) les derniers fascicules courants, qui couvrent une période de deux à trois mois.
(ii) la dernière refonte annuelle qui regroupe les fascicules parus dans l'année.
(iii) la grande refonte générale qui couvre les années 1961-1970.

On prévoit une nouvelle refonte générale tous les 3 ans.

Deux questions connexes à examiner:
a) Avant 1961
b) Après les derniers fascicules

a) S'il faut retrouver un article publié *avant 1961*, il y a trois possibilités:
(i) On peut prendre R. BOULT, *Bibliographie du droit canadien* Montréal, Wilson et Lafleur, 1966, 393p. qui contient une référence aux articles de périodiques jusqu'au 1er janvier 1965, groupés par sujets, avec les traités.

Cette bibliographie n'est pas exhaustive mais sélective. On aura avantage à la consulter car elle indique des articles fort valables que des Index plus récents ne mentionnent pas.

Exemple: Cherchant à compléter une documentation très rare sur le contrat administratif municipal, je serai heureux de trouver une référence à C.A. SYLVESTRE, "Des contrats pour travaux publics dans les municipalités", (1948) 8 R. *du* B. 367.

(ii) Consulter les index spécifiques de certaines revues susceptibles de couvrir le sujet. Voici les plus importants en droit québécois:

Revue du Barreau (1941-1955)
Revue du Barreau canadien (1923-1972)
Revue du Notariat (1898-1948) (1948-1958) et (1958-1968)
Cahiers de Droit (1954-1966)

Ces dates couvrent la période qui remonte à la fondation de la revue en question.

(iii) Consulter l'*Index to Legal Periodicals*, le pendant américain de l'index canadien. Il remonte jusqu'à 1907 et les publications canadiennes y sont signalées. Attention: on ne mentionne pas les articles écrits par des étudiants non plus que les articles de moins de 5 pages. Refontes annuelles et triennales.

Ici il faut bien comprendre qu'on ne retrouve dans cet index que les articles des périodiques juridiques des pays de *Common law* (surtout les E.U.).

Si on cherche de la documentation juridique pour des pays de droit écrit (i.e. autres que de *Common law*), il faut alors consulter l'*Index to Foreign Legal Periodicals*. Très utile en droit comparé. N'a débuté qu'en 1960. On n'y mentionne pas les articles de moins de 4 pages.

Mentionnons enfin l'*Index to Periodical Articles Related to Law*, qui regroupe des articles non mentionnés dans les deux *Index* précédents mais susceptibles d'intéresser le droit. A débuté en 1958. Ne mentionne que les articles publiés *en anglais* (ce qui n'est pas le cas des autres *Index*).

Donc ne pas confondre ces index
1) quant à la période couverte
2) quant aux pays traités
3) quant à la matière indexée
4) quant à la langue des périodiques traités.

Pour plus de détails, voir l'*Introduction aux ouvrages de référence en droit*, précitée in [M 13].

b) S'il faut retrouver les articles jusqu'à *aujourd'hui* et que les derniers fascicules ou index remontent déjà à quelques mois:

(i) Consulter la table des matières de quelques périodiques courants susceptibles de nous intéresser: au moins les revues québécoises et certaines grandes revues canadiennes (*U. of T.L.J.*, *R. du B. Can.*, etc.).

(ii) Depuis 1971, la *Revue du Barreau* publie, à chaque livraison, une série de "chroniques régulières". Rédigées par des experts d'une trentaine de différents domaines du droit, ces chroniques sont un excellent moyen de connaître les plus récents et intéressants développements survenus dans ces divers domaines. On doit les parcourir de façon systématique, parce que la *Table analytique des matières*, publiée à la fin de l'année n'indique pas les sujets précis traités mais seulement les domaines dont il s'agit.

2. Autres instruments

a) L'*Annuaire de Jurisprudence du Québec*

Cette publication renvoie à la plupart des revues juridiques québécoises par sujet.

Exemple: Je veux savoir s'il s'est écrit quelque chose en droit québécois sur l'arbitrage en 1971. Sous la rubrique "arbitrage" de l'*Annuaire de Jurisprudence*, je trouverai un renvoi à deux articles de la *Revue du Barreau*.

Inconvénients de cette méthode:
1) elle ne couvre qu'une période d'un an par volume
2) elle couvre peu de revues publiées hors du Québec, ce qui constitue un handicap (en droit public, notamment)
3) la publication tardive de l'annuaire.

Par contre, en droit civil québécois, l'annuaire est souvent supérieur aux autres publications du même genre.

b) Le *Canadian Abridgment* publie un index de quelques périodiques, à partir de 1956, dans un *Appendix*. Il couvre peu de revues et seulement une du Québec (*McGill L.J.*). On ne s'y référera qu'en l'absence d'autres sources.

Il est bon de savoir toutefois qu'il est tenu à jour par le:

c) *Canadian Current Law* [C.C.L.]

On prend l'index cumulatif du plus récent numéro en date et un * devant les rubriques indique qu'il s'agit d'un périodique. On se rend au numéro indiqué (les numéros se suivent au long de l'année) pour avoir la référence complète.

Attention: on ne couvre que l'année *en cours* avec le C.C.L., on doit l'ajouter au Can. Abr. *Appendix*.

d) Dans certains domaines de recherche juridique, le lecteur devrait examiner le *Social Sciences and Humanities Index* qui répertorie des périodiques de sciences sociales; ceci permet d'élargir la perspective examinée.

Au Québec, voir *RADAR* qui indexe plus de 100 périodiques québécois.

V- [VERIFICATION]   TROUVER UN PERIODIQUE

   * signifie PEREMPTOIRE

   AI-JE VERIFIE SI....   [✓

      j'ai consulté:

* - l'INDEX TO CANADIAN LEGAL PERIODICAL LITERATURE?............[ ]

* - la BIBLIOGRAPHIE DU DROIT CANADIEN?........................[ ]

  - les INDEX SPECIFIQUES?......................................[ ]

  - l'INDEX TO LEGAL PERIODICALS?...............................[ ]

  - l'INDEX TO PERIODICALS RELATED TO LAW?......................[ ]

  - l'INDEX TO FOREIGN LEGAL PERIODICALS?.......................[ ]

* - les PERIODIQUES COURANTS?....................................[ ]

* - les CHRONIQUES REGULIERES in R. du B.?......................[ ]

  - L'ANNUAIRE DE JURISPRUDENCE?................................[ ]

  - le CANADIAN ABRIDGMENT (APPENDIX)?..........................[ ]

  - le CANADIAN CURRENT LAW?....................................[ ]

  - le SOC. SCI. HUMANITIES INDEX?..............................[ ]

  - RADAR?..[ ]

SE TENIR A JOUR

I- *PLAN*

1. Principe

2. Constituer des dossiers

3. L'actualité

4. Constituer une liste.

II- *JUSTIFICATION*

Cette étape est absolument nécessaire pour aider à assimiler l'énorme masse de documentation nouvelle qui s'ajoute régulièrement à ce qui existe déjà. La solution permanente au problème de la recherche juri- dique, c'est, en quelque sorte, la recherche permanente des solutions juridiques!

III- *REMARQUE PRELIMINAIRE*

Plusieurs ministères et organismes, publics et privés, publient de la documentation distribuée gratuitement aux intéressés; la posséder per- met de rassembler une documentation non-négligeable. Il est à conseil- ler de faire la démarche soi-même et de ne pas attendre de la recevoir.

IV- *DEMARCHE PROPREMENT DITE*

1. Le principe est qu'il faut prendre une connaissance générale (le plus souvent en consultant la table des matières) du contenu de la documentation nouvelle. Dans bien des cas, il suffira de pouvoir se souvenir d'avoir vu quelque chose sur le sujet un certain temps auparavant.

   Ceci est particulièrement important, tant que ces documents nou- veaux ne seront pas mentionnés dans les Index et répertoires.

2. Si on doit travailler assez régulièrement dans un domaine, on a intérêt à constituer un dossier documentaire sur le sujet. A titre d'indication seulement, ce dossier pourrait contenir et regrouper:

 - la LOI, dans ses versions successives, modifiées, avec renvoi aux proclamations d'entrée en vigueur, le cas échéant;

 - les REGLEMENTS, règles de pratique et de procédure;

 - la JURISPRUDENCE pertinente, ainsi que

 - des bibliographies, dépliants explicatifs, directives d'interprétation, etc.

Inscrire en évidence la DATE à laquelle le dossier est à jour ainsi que la périodicité de révision.

3. Se tenir au courant de l'actualité de façon constante, tant par l'information écrite qu'électronique. Ceci permet de connaître, souvent, l'étendue de l'intervention gouvernementale et parlementaire projetée dans un secteur d'activité donné. Pour le juriste, c'est une invitation à ne pas oublier la précarité de sa norme.

4. Se constituer une liste de documents que l'on s'obligera à lire régulièrement. Au Québec, cette liste pourrait (devrait?) contenir les éléments suivants (que l'on complètera selon sa spécialisation):

 a) Par année: - l'*Annuaire du Québec,*
             - l'*Annuaire de jurisprudence du Québec;*

 b) Par bimestre ou trimestre:
             - le dernier fascicule de l'*Index to Canadian Legal Periodical Literature,*
             - les recueils de jurisprudence des principales cours: R.C.S., C.F., C.A., C.S.,
             - les principaux périodiques: *R. du B., R. du B. Can., C. de D., R.J.T., McGill L.J., R.D.U.S., R.G.D., R. du N.;*

 c) Par mois: *Canadian Current Law;*

 d) Deux fois par mois: Gaz. Can. II, G.O. II;

 e) Par semaine: - D.L.R. (3d),

 f) Par jour: l'actualité;

 g) Irrégulièrement mais constamment:
             - les lois du Canada,
             - les lois du Québec.

V- [*VERIFICATION*]   SE TENIR A JOUR

   * signifie PEREMPTOIRE

   AI-JE VERIFIE LA DOCUMENTATION RECENTE?   [✓

  * Q - Les LOIS du Québec?.................................... [ ]

  * F - Les LOIS du Canada?.................................... [ ]

  * Q - La GAZETTE OFFICIELLE DU QUEBEC, PARTIE II?............. [ ]

    F - La GAZETTE DU CANADA, PARTIE II?........................ [ ]

       - La JURISPRUDENCE DES COURS:

          *   - SUPREME?.. [ ]

               - FEDERALE?....................................... [ ]

          * Q - D'APPEL?.. [ ]

          * Q - SUPERIEURE?..................................... [ ]

               - PRATIQUE?....................................... [ ]

          * F - CANADIAN CURRENT LAW?........................... [ ]

  *   - l'INDEX TO CANADIAN LEGAL PERIODICAL LITERATURE?........ [ ]

  *   - les CHRONIQUES REGULIERES in R. *du* B.?................. [ ]

      - les PRINCIPAUX PERIODIQUES?............................. [ ]

Un conseil: parcourir cette liste au moins mensuellement, de
            préférence toujours le même quantième.

LE CODE CIVIL

I- *PLAN*

1. Trouver le texte du C.C.

   Contenu du C.C.
   Extension statutaire
   Notes

2. Vérifier si le texte du C.C. est en vigueur
   a) Aspect formel (temps)
      (i)   Texte originaire
      (ii) Articles ajoutés et modifications
   b) Aspect matériel (contenu)
      (i)   Volumes des lois
      (ii) Compétence fédérale

3. L'application du C.C.
   a) Quant au contenu
      (i)   Définitions
      (ii) Jurisprudence
      (iii) Règles d'interprétation
   b) Quant à l'espace

4. La validité du C.C.

5. Trouver de la jurisprudence relative au C.C.

6. Trouver un livre

7. Trouver un périodique

II- *JUSTIFICATION*

La place unique et le rôle de premier plan du *Code civil*, en droit québécois, font qu'on ne peut le traiter, à tous points de vue, comme une
simple loi statutaire.

III- *REMARQUE PRELIMINAIRE*

Cette étape suit le même ordre que l'ensemble de la méthode, laquelle continue de s'appliquer, sous réserve des dérogations et ajouts explicités ici.

IV- *DEMARCHE PROPREMENT DITE*

1. TROUVER le texte du C.C. [M 2]

   Qu'y a-t-il dans le C.C.?

   Il contient le "droit commun" du Québec en droit privé; c'est le droit qui s'applique de façon ordinaire et générale en l'absence d'une dérogation statutaire explicite.

   Exemple: La *Loi de la vente des effets non réclamés*, S.R.Q. 1964, c. 316 prévoit la procédure à suivre et les avis à donner dans le cas de vente d'objets perdus dans les gares, quais, trains, etc. Si le vendeur est propriétaire, ce n'est pas cette loi qui s'applique mais le droit général de la vente, i.e. essentiellement les aa. 1472 et ss. C.C. De plus, le C.C. s'appliquera pour tous les aspects non prévus dans la loi susmentionnée.

   Ceci implique une complémentarité entre le C.C. et la loi statutaire.

   (i)   On ne peut considérer le C.C. sans tenir compte de son extension statutaire. La loi complète le droit commun et, souvent, y déroge de façon draconienne.

   (ii)   Le fait de trouver une loi sur un sujet n'empêche pas qu'il se trouve, dans le C.C. des dispositions analogues, connexes ou complémentaires.

   Il n'y a pas de règle qui permette de retrouver l'extension statutaire du C.C. L'édition de Wilson et Lafleur Ltée, cependant, contient très souvent des indications précieuses sur les lois complémentaires. Malgré le fait que l'on réfère très souvent aux S.R.Q. 1941, le lecteur saura, grâce à sa méthode, retrouver ces dispositions dans la législation actuelle.

   L'édition de Kingsland contient quelque chose d'analogue, à la fin du code, en table ordonnée.

   Exemple: Je lis l'article 2158 C.C., relatif aux bureaux d'enregistrement. Une note me fait penser à la *Loi des bureaux d'enregistrement*, maintenant: S.R.Q. 1964, c. 319.

Notes: a) Le C.C. n'a jamais été édicté formellement comme une loi statutaire. On ne peut donc en trouver le texte dans les *Statuts refondus*.

C'est sans doute pour cette raison que le législateur, moins d'un an après l'Union fédérative de 1867, s'est senti obligé de confirmer la valeur légale du Code. Voir l'*Acte concernant l'interprétation des Statuts de cette Province*, S.Q. 1868, c. 7, a. 10.

b) Il n'existe aucune version officielle, publiée et à jour, du texte du C.C. actuellement en vigueur. Il faut donc s'en remettre à des éditeurs privés. [Le législateur devrait édicter le C.C. comme une loi statutaire, tout en lui gardant un régime d'interprétation propre].

2. VERIFIER si le texte du C.C. est EN VIGUEUR [M 3]

a) Aspect formel [temps]

(i) Le C.C. originaire est entré en vigueur le ler août 1866, par proclamation, (1866) Gaz. Can. 1877, en vertu de l'a. 6 de l'*Acte concernant le Code civil du Bas-Canada*, S.C. 1865, c. 41, S.R.Q. 1888, Complément.

(ii) Quant aux articles ajoutés après cette date et modifications, on doit se référer à la loi qui les a introduits, pour en connaître la date d'entrée en vigueur.

Exemple: L'a. 245a) C.C. a été ajouté par l'a. 10 de la *Loi modifiant le Code civil et concernant les enfants naturels*, L.Q. 1970,c. 62. Cette loi indique à l'a. 12 qu'elle entre en vigueur le jour de sa sanction, i.e. le 8 décembre 1970. Cette date est donc celle de l'entrée en vigueur de l'a. 245a) C.C.

b) Aspect matériel [contenu]

(i) Suivant la méthode que nous avons indiquée pour une loi non refondue, il faudrait examiner chaque volume sessionnel ou annuel des lois du Québec (et du Canada, voir *infra*, sur la validité) depuis 1866 pour être certain du texte. Ceci présente, on en conviendra, de nombreux inconvénients. Autrement, on fait acte de foi à l'égard de l'éditeur privé,avec le risque d'erreurs que cela comporte.

Malgré cela, il est bon de savoir que la version de l'éditeur Wilson et Lafleur Ltée donne habituellement un renvoi à la loi qui modifie l'article étudié. Ce renvoi est très utile car on trouve alors:

- la chaîne législative: la liste des amendements anté-
                         rieurs apportés au même article
- les dispositions d'ordre transitoire
- les formules dont parle la loi.

Exemple: L'a. 1569b) al. 2 C.C. parle d'une cédule concernant la vente en bloc. L'éditeur privé ne l'a
pas reproduite mais, heureusement, il indique
l'origine de la modification: S.Q. 1914, c. 63;
m'y rendant, je la trouve.

La prudence oblige à vérifier, de plus, si la loi amendant le C.C. n'a pas, elle-même été modifiée, ce qui aurait pour effet de modifier le C.C. indirectement, en certains cas.

Exemple: L'a. 10 de la *Loi modifiant de nouveau le Code
civil*, L.Q. 1971, c. 85, abroge trois articles du
C.C., indirectement, en modifiant le texte de
l'a. 35 de la *Loi concernant les régimes matrimoniaux*, L.Q. 1969, c. 77.
(Ce qui est plus grave, dans ce cas, c'est qu'on
ne peut retrouver l'amendement par la voie des
"pages jaunes".)

(ii) Enfin, ne pas oublier que le C.C. est antérieur à la Confédération. Il contient donc plusieurs dispositions qui
sont maintenant de compétence fédérale, vu le partage législatif opéré par le *B.N.A. Act, 1867*, 30-31 Vict. c. 3
(R.-U.).

L'a. 129 du *B.N.A. Act, 1867* maintient en vigueur les lois existantes à l'époque de l'Union jusqu'à leur révocation par le parlement compétent. Ceci veut dire que le *fédéral* peut abroger le C.C. dans les domaines de sa compétence.

Quaere 1: Faut-il conclure à l'abrogation implicite de tout
ce qui, dans le C.C. est de compétence fédérale,
dans les cas où le Parlement a négligé d'agir
sur le C.C. mais a légiféré ouvertement à l'en-
contre?

Quaere 2: Quel est l'effet de l'abrogation par le Parlement
d'une législation (fédérale) sur le texte du C.C.
in *pari materia* qui n'avait pas été abrogé explicitement — revit-il?

125

[M 16]

Remarque: Ne pas confondre le problème constitutionnel avec l'application du droit pré-confédératif qui est encore possible
si aucune intervention législative contraire n'a eu
lieu, par l'effet de l'a. 129 du *B.N.A. Act, 1867.*

Voir un exemple récent dans l'arrêt *In re George Gervais
Inc.; Gingras* v. *Bédard,* [1973] C.S. 33.

3. L'APPLICATION du C.C. [M 4]

a) Quant au CONTENU

   (i)   Tenir compte des définitions contenues à l'a. 17 C.C.

   (ii) La jurisprudence s'est peut-être prononcée. RENVOI [M 10]
         et ci-après.

         Le problème est de savoir si on interprète le C.C. comme
         un corps de droit complet ou, restrictivement, comme
         toute loi statutaire.

         A la différence d'une loi statutaire qu'on dit déroger
         au droit commun (d'où l'interprétation restrictive), le
         C.C. EST le droit commun du Québec en matières privées.
         Il forme donc un système, complet par lui-même, qui s'in-
         terprète selon ses propres règles. Voir *Desrosiers* v.
         The King, (1919-20) 60 R.C.S. 105, 126.

         Il s'agit évidemment ici d'interprétation générale, de
         l'esprit de ce droit. On ferait bien, dans ce cas, de
         lire P.B. MIGNAULT, "Le Code civil de la province de Qué-
         bec et son interprétation", (1935-36) 1 *U. of T.L.J.* 104.

         Le meilleur ouvrage, jamais écrit sur le sujet, est pro-
         bablement celui de F.P. WALTON, *The Scope and Interpre-
         tation of the Civil Code of Lower Canada,* Montréal,
         Wilson et Lafleur, 1907.

   (iii) Voici les principales règles d'interprétation proposées
         par Walton pour le C.C. aux pp. 80 et ss. (notre traduc-
         tion).

         a) La première règle, et la plus importante, est que si
            le [texte du] Code est clair et sans ambiguïté sur
            un point donné, on ne doit pas en contrôler ou expli-
            quer le sens en se référant à une autre source.

            Note: La cour suprême a rappelé ce principe textuel-

126

lement dans les deux arrêts suivants: *Shawi-nigan Carbide Co.* v. *Doucet*, (1909) 42 R.C.S. 281, 346 (le juge Anglin) et *Gentlemen Adventurers of England* v. *Vaillancourt*, [1923] R.C.S. 414, 427-428 (le juge Mignault).

b) Il est permis de démontrer que les mots employés sont du droit nouveau même s'ils ne sont pas entre crochets et, inversement, que les mots entre crochets sont de l'ancien droit.

    Explication: L'expression "droit nouveau", dans le contexte du C.C. désigne le droit introduit par les Codificateurs et s'oppose au droit de l'époque (1866) qu'ils devaient se contenter de déclarer.

    Le mandat des Codificateurs les obligeait à incorporer au texte les dispositions "qu'ils tiendront pour être alors réellement en force" et ajoutait: "ils pourront suggérer les amendements qu'ils croiront désirables, mais mentionneront les dits amendements, séparément et distinctement". Voir l'*Acte concernant la Codification des Lois du Bas-Canada, qui se rapportent aux matières civiles et à la procédure*, S.R.B.C. 1861, c. 2, a. 6.

    Tout ceci pour dire que les Codificateurs ont mis le texte entre crochets lorsqu'ils entendaient déroger au droit en vigueur. Mais on trouve AUSSI entre crochets des corrections autorisées par l'*Acte concernant le Code civil du Bas-Canada*, S.C. 1865, c. 41, S.R.Q. 1888, Complément. D'où la présente règle.

c) On ne doit pas introduire dans le Code des conditions et qualifications provenant d'autres sources.

d) Les versions anglaise et française du Code font également autorité, et on peut les interpréter l'une par l'autre. [voir aussi l'a. 2615 C.C.].

e) Lorsque le Code est ambigu ou incertain, il doit être interprété.

f) Pour ce faire, le meilleur guide sera le Code lui-même.

g) Si, malgré la comparaison aux autres articles du Code, du texte de l'article étudié, l'interpré-

tation en demeure incertaine, le guide le plus sûr
sera la série de rapports des Commissaires à la codification. (aussi appelés "Rapports des Codificateurs")

h) Lorsque la question n'est pas résolue par référence
aux autres articles du Code ou aux explications des
Codificateurs, le meilleur guide sera ensuite la jurisprudence décidée sur ce point.

i) Lorsqu'un article reproduit un article du Code Napo-
léon, intégralement ou avec de légères modifications,
il est permis de considérer respectueusement l'interprétation qu'en ont donnée les plus hautes "autorités" françaises.

   Note: L'identité de législation est une condition
         effectivement exigée, comme l'a rappelé récem-
         ment la Cour d'appel du Québec: "...avant de
         s'appuyer sur la doctrine française, il faut
         d'abord s'assurer de l'identité de la législa-
         tion dans le domaine dont il s'agit."
         Fournier v. *Ducharme*, [1973] C.A. 387, 389
         (le juge Deschênes).

j) Lorsque la question n'est pas résolue par la jurisprudence d'ici ou, dans les cas appropriés, par la
référence aux auteurs français, l'article doit s'interpréter à la lumière de son histoire.
On peut se servir alors des rapports des Commissaires
à la Codification ou encore de la série de DE LORIMIER,
La Bibliothèque du Code civil, Montréal, 1871-1890,
21 vols.

k) Une disposition dérivée du droit français s'interprète
par référence aux "autorités" françaises et, une disposition dérivée du droit anglais, par référence aux
"autorités" anglaises.

   La Cour suprême a d'ailleurs rappelé ce principe dans
   l'arrêt *Curley* v. *Latreille*, (1919-20) 60 R.C.S. 131.

b) Quant à l'ESPACE

Comme toute loi générale, le C.C. s'applique partout au Québec,
sous réserves de dispositions particulières applicables en une
région seulement. Ces dernières sont rares et, souvent, désuè-
tes.

Un point pose toutefois une très sérieuse difficulté: en effet
on est incertain de l'application, dans le territoire du Nou-
veau-Québec, des matières de compétence fédérale contenues dans
le C.C.

Voir à ce sujet L. PATENAUDE, "L'extension territoriale du Code
civil actuel dans le Québec" in *Le Territoire québécois*, Montréal,
P.U.M., 1970, pp. 49-103.

4. VALIDITE du C.C. [M 5]

On l'a examinée, *supra*, quand on a parlé de la question de l'a-
mendement et de l'abrogation. On ne peut dissocier ces questions.

5. TROUVER DE LA JURISPRUDENCE sous le C.C. [M 10] (et le *Code de procédure civile*)

Pour les dernières années, il est bon de connaître les tables cumulatives de décisions contenues à la fin des éditions privées du C.C.
(encore qu'elles ne soient ni complètes, ni précises).

a) *Code civil*
   (i)   Wilson et Lafleur: à partir de 1964
   (ii) Kingsland: à partir de 1954

b) *Code de procédure civile*
   (i)   Wilson et Lafleur: depuis l'entrée en vigueur du nouveau
                             Code (septembre 1966)
   (ii) Kingsland: *idem* et, en plus, quelques années de l'ancien
                     Code.

On aimera consulter, aussi le *Code civil annoté* de MM. Beauchamp et
Saint-Cyr. (Ne pas confondre avec le *Répertoire général de jurisprudence canadienne*)

Cet ouvrage se présente dans l'ordre suivant:

(i)   D'abord *Le Code civil de la province de Québec annoté*, [Beau-
       champ], (3 vols, aa. 1-1202; 1203-1965; 1966-2615 C.C.), com-
       plété par:

(ii)   un *Supplément* [Beauchamp], (2 vols, aa. 1-1563; 1564-2615 C.C.)
       et complété par:

(iii) un autre *Supplément* [Saint-Cyr], (2 vols, aa. 1-1471; 1472-2615
       C.C.)

Cet ensemble a le grand avantage de couvrir de la période pré-confé
dérative jusqu'à 1930 environ et ce qui le distingue du *Répertoire*

129

mentionné *supra*, [M 10], c'est que la jurisprudence y suit l'ordre des articles du C.C.

Pour le *Code de procédure civile*, S.Q. 1965, Sess. 1, c. 80, utiliser l'ancienne jurisprudence seulement dans les cas où le droit n'a pas changé. Le nouveau Code a innové dans de nombreux domaines, ce qui rend la jurisprudence antérieure caduque.

6. TROUVER UN LIVRE [M 13]

Disons seulement un mot des traités généraux qu'il faut absolument examiner sans quoi une recherche ne saurait prétendre au sérieux.

a) P.-B. MIGNAULT, le *Droit civil canadien*, Montréal, Théorêt (et Wilson et Lafleur), 1895-1916, 9 vols.

b) EN COLLABORATION, le *Traité de Droit civil du Québec*, Montréal, Wilson et Lafleur, 1942-58, 17 vols.
Aussi appelé "Collection Trudel".

c) EN COLLABORATION, le *Traité élémentaire de droit civil*, Montréal, P.U.M., 1970- en cours de publication.

7. TROUVER UN PERIODIQUE [M 14]

Les Tables Générales de la *Revue du Notariat* donnent une référence aux articles de la *R. du N.* qui ont traité d'un article du C.C.

Rappelons les dates de ces tables:
(1898-1948), (1948-1958), (1958-1968).

V- [*VERIFICATION*] LE CODE CIVIL

   * signifie PEREMPTOIRE

   AI-JE VERIFIE SI....   [✓

     - j'ai pensé au DROIT COMMUN [C.C.]?...........................[ ]

  * - j'ai pensé à l'EXTENSION STATUTAIRE du C.C.?................[ ]

     - l'article du C.C. est EN VIGUEUR:
        - quant au TEMPS?.......................................[ ]
        - quant au CONTENU?.....................................[ ]

  * - il s'agit d'une COMPETENCE FEDERALE?........................[ ]

     - le C.C. S'APPLIQUE:
        - quant au CONTENU?.....................................[ ]
        - dans l'ESPACE?..[ ]

     - il y a de la JURISPRUDENCE?.................................[ ]

     - il y a de la DOCTRINE?......................................[ ]

DROIT MUNICIPAL

I- *PLAN*

    A- Trouver une loi

        1. Loi générale

           Le *Répertoire des municipalités*
             a) Cités et villes
             b) Villages, etc.
             c) Les Communautés

        2. Une disposition dérogatoire ou spéciale

           Le Document no 2 de la Commission de refonte des lois municipales

           Remarques

        3. L'extension statutaire de la législation municipale

           Les Documents no 1, 4A et 4B de la Commission de refonte des lois municipales

    B- Vérifier si une loi est en vigueur

        1. *Code municipal*

        2. Chartes particulières

    C- Trouver un règlement municipal

        1. Corporation soumise à la loi des C.V.

        2. Corporation soumise au C.M.

        3. Communautés

        4. Québec et Montréal

    D- Vérifier si un règlement est en vigueur

        1. Quant au temps
           a) Corporation soumise à la loi des C.V.
           b) Corporation soumise au C.M.
           c) Communautés
           d) Québec et Montréal

        2. Quant au contenu

    E- Vérifier l'application et la validité d'un règlement municipal

    F- Trouver de la jurisprudence

II- *JUSTIFICATION*

Il s'agit d'un domaine du droit auquel on doit se référer très souvent et c'est, peut-être, celui qui comprend le plus d'exceptions, de dispositions les plus diverses, d'où le traitement spécial de certains aspects.

III- *REMARQUES PRELIMINAIRES*

1. Cette étape suit le même ordre que l'ensemble de la méthode, laquelle continue de s'appliquer, sous réserve des dérogations et ajouts explicités ici.

2. Dans la recherche de la législation municipale applicable à un cas, bien DISTINGUER:

La DISPOSITION DEROGATOIRE: celle qui, par une loi spéciale, crée une *exception* à la loi municipale générale. On parle alors d'une charte spéciale d'une corporation municipale

ET

L'EXTENSION STATUTAIRE: c'est l'ensemble des autres lois qui *complètent* la loi municipale générale. Ces autres lois s'ajoutent à la législation existante sans toutefois y déroger.

3. On aura l'occasion d'utiliser abondamment les documents de la Commission de Refonte des Lois municipales [créée par l'A.C. 1854 du 19 mai 1971] qui a, en 1973, rendu publics ses premiers travaux, une magistrale somme.

4. Celui qui oeuvre régulièrement en droit municipal aura grand intérêt à utiliser les publications de M. Charles CODEBECQ dont, en particulier:
Traité d'administration municipale et scolaire et lois connexes,
Extension juridique des lois municipales,
Formulaire des Règlements municipaux.

133

IV- *DEMARCHE PROPREMENT DITE*

  A- TROUVER UNE LOI [M 2]

    1. Loi générale

Pour déterminer quelle loi générale s'applique à une corporation municipale déterminée, il faut en connaître le statut (ville, village, etc.)

C'est l'examen du plus récent *Répertoire des municipalités et commissions scolaires*, Québec, Bureau de la statistique du Québec (annuel) qui nous le révélera. Pour tenir compte des changements (fusion, annexion, nouvelle corporation, changement de nom, etc.) survenus après la date de publication du dernier Répertoire, compléter l'information en consultant les index trimestriels (non cumulatifs) de la *Gazette officielle du Québec, Partie I* et, le cas échéant, les numéros subséquents non encore indexés.

Cette première étape est très importante, surtout depuis l'adoption de deux lois récentes — la *Loi favorisant le regroupement des municipalités*, L.Q. 1971, c. 53 et la *Loi de l'organisation municipale de certains territoires*, L.Q. 1971, c. 54 — qui tendent à multiplier les modifications possibles.

Quand le statut sera défini, on aura les possibilités suivantes [avec indication du territoire qui y est soumis]:

a) La *Loi des cités et villes*, S.R.Q. 1964, c. 193, a. 1 [cités, villes]

    OU

b) Le *Code municipal*, a.1, a. 3, a. 16 par. 2 [tout le territoire; municipalités de campagne et de village, de paroisse, de canton, de partie de canton, de cantons unis et généralement toute municipalité locale, sauf cités et villes]

    et EN PLUS, selon la situation géographique:

c) La *Loi de la Communauté urbaine de Québec*, L.Q. 1969, c. 83, [territoire décrit], la *Loi de la Communauté urbaine de Montréal*, L.Q. 1969, c. 84, [territoire décrit] et la *Loi de la Communauté régionale de l'Outaouais*, L.Q. 1969, c. 85, [territoire décrit].

Exemple: Je cherche la législation générale applicable à la corporation de Fossambault-sur-le-lac.
Le *Répertoire des municipalités et commissions scolaires*

> indique qu'il s'agit d'un village.
> Conclusion: le *Code municipal* est la loi générale qui
> s'y applique. [aspects a) et b)]

EN PLUS, selon la situation géographique, examiner les annexes
des Lois des Communautés pour savoir si ces dernières s'appliquent à la corporation en question.

Exemple: Travaillant sur le cas de la corporation de Sainte-
Anne-de-Bellevue, je devrai tenir compte de son ap-
partenance au territoire de la Communauté urbaine de
Montréal, après un examen de l'annexe "A" de la *Loi
de la Communauté urbaine de Montréal*, L.Q. 1969, c.
84, a. 1, al. d) [aspect c)]

2. Une disposition dérogatoire ou spéciale

S'agissant de lois spéciales, donc non refondues, il faudrait,
théoriquement, pour les retrouver, examiner tous les volumes
annuels des lois du Québec depuis 1867, selon la méthode que
nous avons expliquée *supra*, [M 4].

On aura intérêt à utiliser plutôt la compilation de la Commission de refonte des lois municipales [ci-après citée CRLM].

Nous ne ferons pas ici la nomenclature des documents publiés.
Au stade où nous en sommes, il faut consulter le Document no 2:
*Inventaire des dispositions dérogatoires et spéciales contenues
dans les chartes municipales.* La consultation en est facilitée
par l'utilisation de l'ordre alphabétique.

Exemple: La prescription d'une action en responsabilité civile
d'une corporation de ville est de six mois, en vertu
de l'a. 623 C.V. S'agissant de la ville de Sorel,
cette prescription n'est que de quatre mois, à cause
d'une disposition ajoutée par la *Loi modifiant la
charte de la cité de Sorel*, S.Q. 1931-32, c. 112, a. 1,
tel que le révèle le Document no 2 de la CRLM, au mot
"Sorel".

Remarques: (i) Les dispositions dérogatoires contenues dans les
documents de la CRLM sont, évidemment de carac-
tère permanent. (excluant, par conséquent, des
considérations territoriales ou ayant pour effet de valider un acte ou, encore, purement
transitoires)

(ii) Québec et Montréal ont été écartées de l'inventaire à cause de leur charte complètement

135

autonome. [Voir cependant le Document no 5
de la CRLM Québec: S.Q. 1929 c. 95, et Montréal:
S.Q. 1959-60, c. 102].

Rappel: Tenir compte des lois postérieures à la date de publication
des documents de la CRLM (mai 1973).
On trouve ces lois en consultant l'index du volume annuel des lois au nom propre de la corporation municipale
et, pour l'année courante, en examinant, un à un, tous
les titres de loi.

3. L'extension statutaire de la législation municipale

Si on désire avoir une vue d'ensemble de toutes les lois québécoises relatives au droit municipal, voir le Document
no 1 de la CRLM, *Inventaire des lois et parties de lois (chartes
particulières exclues) relatives aux organes gouvernementaux,
aux municipalités, leur conseil et leurs fonctionnaires*, dont la
présentation suit l'ordre chronologique des lois. On s'étonnera
de voir que des lois aussi diverses que la *Loi des Abeilles*,
S.R.Q. 1964, c. 128, aa. 17-18 et la *Loi des lanternes ou réflec-
teurs sur les véhicules à traction animale*, S.R.Q. 1964, c. 182,
puissent toucher aux pouvoirs des corporations municipales.

Le chercheur qui s'intéresse à une question plus délimitée préférera, cependant, travailler avec les Documents no 4A et 4B de
la CRLM, respectivement *Code municipal, Loi des cités et villes,
lois connexes, table de concordance* et *Loi des cités et villes,
Code municipal, lois connexes, table de concordance*.

Voici la méthode suggérée. On met de côté pour l'instant, l'hypothèse d'une disposition dérogatoire, on cherche (Index des Statuts ou table privée) son sujet dans la loi générale (C.M. ou
C.V.). Ensuite, on se rend au document 4A ou 4B de la CRLM,
selon que la loi générale est le *Code municipal* ou la *Loi des
cités et villes*, VIS-A-VIS du numéro précis de l'article de
loi qui concerne le sujet. S'il y a une législation connexe,
elle sera mentionnée.

Exemple: J'examine un problème relatif à l'usage des rues dans
une corporation de ville. L'a. 429 (11) C.V. touche
ce sujet, entre autres dispositions. Le Document no 4B
de la CRLM, sous la mention 429, 11º me donne un renvoi
à la *Loi des rues publiques*, S.R.Q. 1964, c. 179, a. 3.

B- VERIFIER SI UNE LOI EST EN VIGUEUR [M 3]

1. Pour les amendements au *Code municipal*, voir le Document no 1 de
    la CRLM. Ce tableau est d'autant plus précieux qu'il est unique;
    puisque le C.M. n'a pas été refondu depuis 1916, en effet, inutile
    de travailler avec les pages jaunes, après la date de publication
    du document 1, il faut voir l'index de chaque volume annuel des lois.

2. Pour les corporations à chartes particulières (y compris Québec
    et Montréal) voir le Document no 5 de la CRLM, sous la rubrique
    "Dispositions législatives applicables".

    [Il n'existe aucune façon connue de repérer tous les amendements
    successifs à un article précis.] Le Document no 5 permet de con-
    naître l'évolution historique des transformations et fusions d'une
    corporation, depuis le début de son existence. On trouve une
    "fiche" sur chaque corporation municipale. Pour assurer la mise
    à jour voir les pages liminaires des volumes annuels des lois,
    postérieurs à la date de tombée du Document no 5.

C- TROUVER UN REGLEMENT MUNICIPAL [M 6]

1. Corporation soumise à la loi des C.V.

    Théoriquement, on devrait pouvoir retrouver au ministère des
    affaires municipales, une copie de tout règlement d'une corpo-
    ration soumise à la *Loi des cités et villes*, S.R.Q. 1964, c.
    193, tel qu'exigé par l'a. 423 de cette loi.

    Malheureusement, cette disposition semble être ignorée (dans
    tous les sens de ce mot) par les intéressés et elle est absolu-
    ment inefficace. Il faudra donc s'adresser au greffier de la
    corporation qui a la garde des règlements, a. 388 C.V.

2. Corporation soumise au C.M.

    On s'adresse au secrétaire-trésorier de la corporation qui tient
    le livre des règlements, a. 362 C.M. (Il n'y a pas d'équivalent
    à l'a. 423 C.V.)

3. Communautés

    a) Québec, L.Q. 1969, c. 83
       - le secrétaire en a la garde: a. 59
       - transmission au ministre: a. 79

    b) Montréal, L.Q. 1969, c. 84
       - le secrétaire en a la garde: a. 61
       - transmission au ministre: a. 81

137

    c) Outaouais, L.Q. 1969, c. 85
        - le secrétaire en a la garde: a. 59
        - transmission au ministre: a. 78

4. Québec et Montréal

    a) Québec, S.Q. 1929, c. 95
        - le greffier en a la garde: a. 166 (L.Q. 1969 c. 113)
        - transmission au lieutenant-gouverneur en conseil: a. 392

    b) Montréal, S.Q. 1959-60, c. 102
        - le greffier en a la garde: a. 456
        - transmission au lieutenant-gouverneur en conseil: a. 458

D- VERIFIER SI UN REGLEMENT EST EN VIGUEUR [M 7]

1. Quant au temps

    a) Corporation soumise à la loi des C.V.

        L'entrée en vigueur du règlement a lieu le jour de sa publi-
        cation, a. 390 C.V.
        (Attention: ce n'est pas la publication dans la G.O. mais,
        par avis public, a. 391 C.V.)

    b) Corporation soumise au C.M.

        Le règlement entre en vigueur quinze jours après sa pu-
        blication, a. 364 C.M. (publication par avis public,
        a. 366 C.M.)

    c) Communautés

        C'est habituellement le jour de sa publication, à moins
        qu'il n'y soit autrement prescrit, a. 61 C.U.Q., a. 63 C.U.M.,
        a. 61 C.R.O. (publication par avis public et dans un journal
        (a. 62 C.U.Q., a. 64 C.U.M., a. 62 C.R.O.)

    d) Québec et Montréal

        - Québec S.Q. 1929, c. 95
          C'est à la "seconde lecture" et après une publication;
          attention: ce n'est pas à la date de la publication
          aa. 388 (remplacé S.Q. 1966-67, c. 85) et 388a) (ajouté
          L.Q. 1969, c. 113)

        - Montréal S.Q. 1959-60, c. 102
          Selon un avis public: a. 451.

2. Quant au contenu

   Il n'existe pas de tableau des amendements apportés aux règlements. Il faut donc examiner l'ensemble de la réglementation
   adoptée sur un sujet.

E- VERIFIER L'APPLICATION et la VALIDITE D'UN REGLEMENT MUNICIPAL
   [M 8] et [M 9]

   En général,et sous réserve de nuances à apporter, on peut dire que
   l'attitude des tribunaux, devant un règlement municipal est:

   RESTRICTIVE lorsqu'on met en cause l'*existence* du pouvoir réglementaire, *Phaneuf* v. *Corporation du village de St-Hugues*, (1936) 61
   B.R. 83

                          MAIS

   LIBERALE lorsqu'on met en cause l'*exercice* du pouvoir réglementaire,
   Kruse v. *Johnson*, (1898) 2 Q.B. 91

   Rappel: les règlements municipaux ont une assiette territoriale
            restreinte.

F- TROUVER DE LA JURISPRUDENCE [M 10]

   On utilisera avec profit les publications suivantes:

   J. VIAU, *Lois et Jurisprudence concernant les cités et villes de
            la province de Québec*, Montréal, Wilson et Lafleur,

   R. TELLIER, *Code municipal de la province de Québec*, Montréal,
               Wilson et Lafleur.

   Ces deux publications donnent un bref résumé de la jurisprudence
   importante décidée sous les principaux articles des lois générales.

V- [*VERIFICATION*]   DROIT MUNICIPAL

   * signifie PEREMPTOIRE

   AI-JE VERIFIE SI....   [✓

  * - j'ai cherché la LOI GENERALE applicable?....................[ ]

  * - j'ai cherché une disposition DEROGATOIRE?...................[ ]

  * - j'ai tenu compte de l'EXTENSION STATUTAIRE?.................[ ]

     - j'ai tenu compte de l'EVOLUTION possible?...................[ ]

     - j'ai cherché les REGLEMENTS de la corporation?..............[ ]

     - j'ai examiné les AVIS PUBLICS d'entrée en vigueur?..........[ ]

     - le règlement S'APPLIQUE et est VALIDE?......................[ ]

     - j'ai cherché de la JURISPRUDENCE?...........................[ ]

DIVERS ELEMENTS PRATIQUES

[On vise à donner ici, en vrac, des renseignements qui ne s'intégraient pas, comme tel, à aucune étape en particulier.]

I- LEGISLATION des AUTRES PROVINCES et des U.S.A.

Pour connaître rapidement l'essentiel de la législation en vigueur dans une province canadienne ou un état américain, on peut consulter le dernier volume de l'édition courante du Martindale-Hubble. Cela est pratique pour établir, par exemple avant de poursuivre, le délai de prescription ou de dévolution successorale en vigueur là-bas.

Le *Canadian Converter* de *Halsbury's Laws of England,* indique également la concordance entre les diverses législations canadiennes en vigueur à tel moment.

Pour connaître le fonctionnement de *Halsbury's,* voir, *supra,* [M 10].

II- DROIT COMMERCIAL

Dans certains domaines (commercial, fiscal, et corporatif surtout), le praticien et le chercheur utilisent fréquemment les publications *C.C.H. Canadian Ltd.* (C.C.H. = Commerce Clearing House).

On trouve habituellement, dans ces publications de très haute qualité et de grande précision, un renvoi à la législation et à la réglementation applicables par sujets, avec indication des dates d'entrée en vigueur et de publication et un index pour s'y retrouver.

Principaux domaines couverts: COMPAGNIES, FISCAL, VALEURS MOBILIERES, ASSURANCE, TRAVAIL, CONSOMMATEUR, etc.

III- PROCEDURE

Il y a trois principales façons d'obtenir un modèle de procédure pour les actions intentées au Québec.

1. Le *Formulaire de procédure civile* de S.W. WEBER, Montréal, Wilson et Lafleur, 1967.

2. Le *Vade mecum* du Barreau du Québec.

3. Le recours à un dossier, au greffe de la Cour. Pour obtenir le numéro, voir une cause sur le sujet dans les recueils de jurisprudence, l'arrêtiste donne le numéro des dossiers.

IV- AUTRES PUBLICATIONS UTILES

Le *Manuel du notaire*, publié par la Chambre des notaires.

Les *Cours de perfectionnement* de la Chambre des notaires.

EPILOGUE I

[Pour une valorisation de l'instrument]

Une constatation ressort de tout ce qui précède: il faut favoriser le développement d'instruments de recherche à jour et adaptés à notre système de droit.

Au premier rang, plaçons un *Index du droit québécois en vigueur*.

Il s'agirait d'une publication annuelle, sous forme d'annuaire téléphonique (pour réduire au maximum le coût de production) qui se vendrait au maximum trois ou quatre dollars. L'annuaire est cumulatif de sorte que dès la parution de la nouvelle édition on se débarasse de l'ancienne. Un supplément cumulatif mensuel paraîtrait entre les éditions annuelles.

Sans vouloir préjuger du choix que ferait l'éventuel éditeur de l'I.D.Q., il devrait contenir:

1. Comme un dictionnaire, par ordre alphabétique, la liste des mots descripteurs contenus dans *toutes* les lois et *tous* les règlements en vigueur (sans égard aux refontes) et un renvoi succint à la disposition.

2. Un tableau cumulatif de toutes les abrogations et remplacements des lois et des règlements.

3. Un tableau des dates d'entrée en vigueur des lois et des règlements.

4. Un renvoi à la jurisprudence décidée sous toutes ces dispositions.

Une fois mis en place, l'I.D.Q. pourrait être maintenu à jour par un juriste affecté à cette tâche à plein temps.

143

EPILOGUE II

[A SURVEILLER]

A cause d'une convergence sans précédent de facteurs favorables, le monde
québécois de la documentation juridique est appelé, d'ici quelques années,
à connaître de nombreux et importants développements.

Ces développements agiront non seulement sur la quantité et la qualité des
instruments documentaires actuels [aspect DOCUMENTATION] mais aussi -et
encore plus- sur les habitudes de travail et de recherche des professions
légales et para-légales [aspect METHODOLOGIE].

Soucieux de se tenir au courant et afin de ne pas être dépassés par ces bou-
leversements à venir, les juristes feront bien de ne pas sous-estimer l'IM-
PACT des plus importants changements et nouveautés. Voyons-en quelques-uns
parmi les plus évidents et les plus prévisibles.

1. La création récente du Conseil canadien de la documentation juridique qui
    se propose de faciliter l'élaboration de la documentation juridique à
    l'aide des moyens électroniques. Voir le commentaire de C. Fabien paru
    à (1973) 33 *R. du B.* 438.

2. La création d'un Conseil de l'information juridique, initiative conjointe
    des ministères québécois des communications et de la justice.

    Ce Conseil pourrait devenir le maître d'oeuvre d'une politique ration-
    nelle, efficace, complète, intégrée et permanente de la documentation
    juridique au Québec par le biais de SØQUIJ (Société Québécoise d'Infor-
    mation Juridique), société gestionnaire des principales banques docu-
    mentaires juridiques.

3. La réalisation, grâce au projet MØDUL du Centre de recherche en jurimé-
    trie de la Faculté de droit de l'Université Laval, de la prochaine re-
    fonte des lois du Québec (prévue pour 1975) et la mise sur pied d'un
    système de mise à jour permanent des lois du Québec.

4. La prise en charge par l'Editeur officiel du Québec -à partir de 1974- de
    la publication des recueils de jurisprudence du Québec, en collaboration
    avec l'équipe de DATUM/SEDOJ de la Faculté de droit de l'Université de
    Montréal.

5. La préparation par une équipe de la Bibliothèque de la Législature, d'un
    index de toutes les lois d'intérêt privé adoptées depuis la Confédération
    par le Québec. Ce sera un précédent.

6. La mise en opération d'un Fichier central des entreprises au Ministère
    des Institutions financières compagnies et coopératives. C'est un

système d'identification de toutes les entreprises opérant au Québec, qu'elles soient dotées ou non de la nature corporative.

7. A SOUHAITER LE PLUS RAPIDEMENT POSSIBLE

A- La création et l'utilisation d'une terminologie *uniforme* dans l'axe législation-réglementation-jurisprudence.

B- L'invention d'un nouveau style de *rédaction* législative qui s'inspirerait de la démarche et de la discipline cybernétiques.

INDEX

portée 91, 98
Q et F (définition) 76
référence imprécise 86, 87
trouver de la __ 74

-L-

législation déléguée
  voir règlement
livre
  trouver un __ 107
locutions latines
loi
  abrogation
    Q 25
    F 32
    effet de l'__ sur règlement 61
  adoption (déf.) 8
  amendement
    Q 25
    F 32
    effet de l'__ sur règlement 62
    effet de l'__ sur jurisprudence 100
  application 36
  à venir
    Q 14
    F 19
  courante
    Q 13
    F 18
  définitions 37
  désignation régnale 11
  (d')intérêt privé
    Q 12
    F 17
  (d')interprétation 37, 38
  effet rétroactif 40
  entrée en vigueur (déf.) 8
  municipale 134
  non refondue 9
  non revisée 15
  partage constitutionnel 44
  postérieure à la refonte 12
  postérieure à la revision 17
  proclamation (déf.) 8
  promulgation (déf.) 8
  provinces canadiennes 141
  remplacement- effet sur règlement 61

rétroactivité 39
sanction (déf.) 8
se tenir à jour 120
trouver une __
  Q 9
  F 14
validité 42

-M-

MAXWELL, P.B. 38
MAYRAND, A.
méthode
  importance de la __
mise en vigueur
  voir entrée en vigueur
modification
  voir amendement
mot-clé
  voir vedette-matière
motifs d'un arrêt
  définition 93
municipal
  voir droit municipal

-N-

néologisme 3
non publication (règlement)
  voir publication

-O-

obiter dictum
  définition 93
OLMSTED 80
On Statute Law 38
On the Interpretation of Statutes 38

-P-

partage des compétences législatives
  effet sur le Code civil 27
  en général 44
  validité loi 44

149

remplacement
  de la loi, effet sur règlement 61
  définition 22
  général 28
Répertoire des municipalités... 134
Répertoire des recherches... 110
*Répertoire général de jurisprudence
canadienne* 81
résiduaire
  voir pouvoir résiduaire
résolution du parlement F
  abrogeant règlement 62
rétroactivité
  loi 39
revision des lois F
  contenu 15
  Québec voir refonte
revue
  voir périodique
Revue du Barreau
  chroniques régulières 116

-S-

S.R.C. 1970
  contenu 15
  historique et traitement des lois 16
  index général 14
S.R.Q. 1964
  contenu 9
  index général 9
  table de concordance 10
sanction (loi)
  définition 8
SINCLAIR, A. 108
sources de droit
sous-délégation
  pouvoir réglementaire 70
stare decisis
  définition 94
*Statutes of Canada judicially
Considered* 78
Stroud's Judicial Dictionnary 84
*Supreme Court of Canada Reports
Service* 81, 83
  ___ arrêts non rapportés 88

-T-

table de concordance
  S.R.Q. 1964 10
table des matières
tableau des modifications
  loi Q 25
  loi F 32
temps (voir aussi entrée en vigueur)
  application loi 39
  application règlement 67
  continuité loi 40
  continuité réglementation 67
  rétroactivité 39
tenue à jour 119
territoire
  application loi 39
  application règlement 66
thésaurus 2
thèses 111
texte réglementaire
  voir règlement
titre de compétence
  voir compétence législative
traités de paix
  loi F 15

-U-

ultra vires
  voir validité

-V-

validité
  loi 42
  règlement 69
vedettes-matières
  extraction 2
néologismes 3

-W-

Words and Phrases Legally Defined 84
Words and Phrases Judicially Defined 84
Words and Phrases Judicially Noticed 83

151

VERIFICATION GENERALE ET FINALE

AI-JE VERIFIE SI....   [✓]

[M 1]   - j'ai bien QUALIFIE?.............................[ ]

[M 2]   - il y a une LOI?.................................[ ]

[M 3]   - elle est EN VIGUEUR?.......................[ ]
[M 4]   - elle s'APPLIQUE?...........................[ ]
[M 5]   - elle est VALIDE?...........................[ ]

[M 6]   - il y a un REGLEMENT?............................[ ]

[M 7]   - il est EN VIGUEUR?.........................[ ]
[M 8]   - il s'APPLIQUE?.............................[ ]
[M 9]   - il est VALIDE?............................[ ]

[M 10]   - il y a de la JURISPRUDENCE?.....................[ ]

[M 11]   - je l'ai bien LUE?..........................[ ]
[M 12]   - elle s'APPLIQUE encore?....................[ ]

[M 13]   - il y a un LIVRE?................................[ ]

[M 14]   - il y a un ARTICLE DE PERIODIQUE?................[ ]

[M 15]   - je suis A JOUR?................................[ ]

[M 16]   - il s'agit du CODE CIVIL?.......................[ ]

[M 17]   - il s'agit de DROIT MUNICIPAL?..................[ ]